# 改訂版
# 幼稚園・保育所・認定こども園実習
# パーフェクトガイド

小櫃智子・守 巧
佐藤 恵・小山朝子

わかば社

# 改訂版 はじめに ※※※※※※※※※※※※※※※※※※※※※※※※※※※※※※

　本書は、保育者になるためにこれから幼稚園や保育所、認定こども園で実習を行う学生のみなさんを対象に、実習での学びがより充実したものとなることを願って作成いたしました。

　実習では、実際に子どもと出会い、かかわり、心を通わす体験を通して、「一般論としての子ども」ではなく、一人一人個性をもった子どもの姿を学びます。また、実際に保育に携わる保育者の姿を通して、保育者としての仕事を学ぶことはもちろん、保育者の子どもや保育への熱い思いにふれ、保育の仕事の素晴らしさを実感することでしょう。このように、実習は理論だけでは語れない奥深い保育の実践を実際に体験して学ぶことのできる貴重な機会となります。

　これから実習を行うみなさんは、実習への大きな期待とともに不安もあるかもしれません。初めてのことはわからないことも多く不安があって当たり前です。みなさんはまだ学びの途中ですから、実際の実習ではうまくいかないことや失敗することもあるでしょう。これまでわからなかったことが理解できたり、できないことにチャレンジするために実習はあります。実習は失敗せずにうまくやりこなすことが目的ではありません。むしろチャレンジするから失敗もし、失敗するからわかることがたくさんあります。みなさんには、失敗を気にするのではなく、生き生きと子どもとかかわり、自分の今ある力を十分に出し切って自分らしく実習に取り組んでほしいと思います。

　実習への不安をできるだけなくし、生き生きと実習に取り組むためには、実習の事前学習が大切です。事前学習によって実習で体験する出来事の理解もより深まっていくことでしょう。また、実習の事後学習も同様に大切です。実習での体験を振り返り、整理することで保育の理解を深め、自分自身の課題を明確にしてその後の学習につないでいくことができます。

　本書の特徴として、実習中の学びだけを扱うのではなく、実習前の学びから、実習中の学び、そして実習後の学びへとつなげられるよう3部構成としています。事例も多く取り扱い、具体的に実習がイメージできるよう編集しています。演習課題として「Let's try」を各所に盛り込み、読者のみなさんが主体的に学習されることを期待しています。また、今回の「改訂版」では、最新の情報を掲載し、現在の保育の実態に即して、実習日誌への記載の解説を加筆修正し、実習で踏まえておきたい「健康観察」や「保育の観察のポイント」「ノンコンタクトタイム」などの項目を追加しあらたに発刊いたしました。

　実習を通して保育の魅力ややりがいが感じられたらうれしく思います。そして本書がみなさんの実習のお役に立てることを心より願っています。

　　2023 年 10 月

著者代表　小櫃 智子

# Contents

 **幼稚園・保育所・認定こども園**
**実習**  **に確認しておこう**

**Part2**　幼稚園・保育所・認定こども園
# 実習 中 に確認しておこう

## 本書について

● とくにしっかりと押さえてほしい箇所は、本書内赤字のゴシック表記で記してあります。

● 本書では、「観察実習」「参加実習」と「責任実習」という用語で実習内容を解説しています。
・「観察実習」は実習初期段階の子どもの様子を観察することが中心の実習。
・「参加実習」は実習中期段階で、子どもの様子を観察するだけではなく、遊びに参加したりする実習。
・「責任実習」は、実習中期から終盤段階で、一日の一部（「部分実習」）ないしは全日（「一日実習」）を任せられる実習。
また、実習課題の立て方などでは、実習段階を「1回目の実習」（観察・参加・部分実習）と「2回目以降の実習」（参加・責任（部分・一日）実習）にわけて解説しています。

● 実習前・実習中・実習後でとくにシミュレーションなど演習してほしい部分に「Let's try」の演習課題を設けてあります。くり返し行ってみましょう。

● 「column」「事例」「Q&A」を随所に設け、具体的に実習について理解できるよう実例を多く掲載してあります。

幼稚園・保育所・認定こども園

実習 前 に確認しておこう

# 実習とは何か

## 体験を通して保育を学ぼう

### 保育の理論を実践と結びつけて学ぼう

　実習は、みなさんがこれまで学習してきたことを保育の現場に行って、実際に子どもとのかかわりを通して**体験しながら学習**していきます。実習体験を通して得られる「学んできた子どもの具体的な発達過程を確認できた」「子どもの気持ちを受け止めることが大事であると学んだが、子どもの気持ちを受け止めることができなかった」などの気づきや反省は、保育者養成校（以下、養成校）で学んだ**保育の理論と現場での実践を結びつけていく営み**であり、そこに実習の意義があります。これまでの学習との違いは、子どもと「話したり」「ふれあったり」して、心と体を総動員した能動的な学びになるということです。また、保育の喜びややりがいを感じ取る機会でもあり、子どもの育ちや発想に驚きや感動を抱くなど、多様な体験をしていきます。

### 生活や学習で身につけた知識や技術を統合しよう

　実習では、これまで修得してきた保育の専門的な知識や技術のほかに、あいさつの仕方や言葉づかいなど、**社会人としての基本的なマナー**を問われることになります。また、掃除や洗濯などの**生活力**が必要とされます。幼稚園や保育所、認定こども園は子どもたちの生活の場であり、**保育者は子どもたちにとって生活のモデル**でもあります。子どもたちは実習生のことも生活のモデルとして見つめています。

　保育者を目指して、自分の中で「これまで学んできた知識・技術」と「生活から得た知識・技術」を統合し、実践を試みるよいチャンスです。したがって実習前には、これまでの学習とともに、自分自身の生活を振り返って一度確認をしておく必要があるでしょう。

## 子どもとかかわり理解を深めよう

### 生活をともにする中で、子どもの理解を深めよう

　なぜ、保育者になりたいかをたずねると、学生の多くは、「子どもがかわいい」「小さいころから子どもが好き」などの理由をあげます。当然、これらの理由は大事な動機です。しかし実習では、叩いたりけったりしてくる子どもや、話しかけても黙ったままの子どもなど、さまざまな姿を見せる子どもたちに出会います。「実習に行ったら、本当に子ども

が好きなのかわからなくなった」と感想を述べる実習生も多く見受けられます。

　しかし子どもは、自分にとって都合がよい存在ではなく、また、自分のために存在しているわけでもありません。先にあげた実習生は、「**主体は自分ではなく、子ども**」に視点をシフトすることの重要性に子どもとの出会いを通して気づいた、いわば実りの多い実習になったといえます。実習での子どもとの出会いは、**子どもの理解を深める「入り口」**ととらえましょう。子どもから学ぶ姿勢を形づくっていく体験に変えていきましょう。

### 自分自身の子どもへのかかわりを省察しよう

　保育のむずかしさや奥深さの一つに「これが正解」という絶対的な答えがないという点があげられます。実習では保育がこうした特殊性を有することを学ぶ機会になります。保育は決められた手順や方法があるものではなく、つかみどころがない面をもっています。つまり、かけがえのない主体である保育者が、同じくかけがえのない子どもとのかかわりを通して、**子どもの言動の意味を探り、その理解に基づいてその子どもの育ちに必要な援助を常に考えている**のです。

　実習ではただ子どもと楽しくかかわるだけでなく、**子ども一人一人にとって必要な援助を、実習生も自分自身の子どもへのかかわりの省察を通して学ぶ**ことに意義があります。多面的に子どもとのかかわりを振り返り省察することを通して、保育者の専門性を身につけていきます。

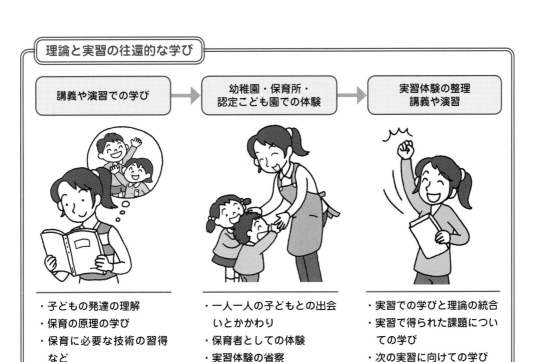

理論と実習の往還的な学び

| 講義や演習での学び | → | 幼稚園・保育所・認定こども園での体験 | → | 実習体験の整理講義や演習 |

・子どもの発達の理解
・保育の原理の学び
・保育に必要な技術の習得など

・一人一人の子どもとの出会いとかかわり
・保育者としての体験
・実習体験の省察

・実習での学びと理論の統合
・実習で得られた課題についての学び
・次の実習に向けての学び

# 実習に対する不安

## 実習前の不安を解消しよう

　実習前の実習生に「不安ですか？」と質問すれば、ほぼ全員が「不安です」と答えるでしょう。つまり、不安がない実習生はいません。「不安なことは全部」と答えたくなるほど、不安なことをあげたらきりがない状態だと思います。実習生は、どんな小さなことでも不安に感じてしまうものです。子どもとのかかわりや実習日誌・指導案などの記録、実習担当の保育者とのかかわり、個人的な諸問題などもあげられるかもしれません。

　もし、抱えきれないほどの**大きな不安がある場合には、一人で抱え込まずに、言葉にして表してみましょう。**言葉にし相談することで、その不安を解消する対応策が考えられます。**事前に対応策を施すことによって不安を解消していきましょう。**

　実習内容に関する不安については、養成校での事前指導を受け一つ一つ学習を進めていく中でその多くが解消されることと思います。それでも不安が大きく残る場合には、養成校の実習担当教員に話を聞いてもらいましょう。また、これから実習を控えている仲間と話をしてみることで、誰もが同じ不安をもっていることに気づき、気持ちが軽くなることもあります。

　「緊張しやすい」「うまく人間関係を構築していくのが苦手」など、心理面で不安がある場合は、自己解決だけに頼らず、事前に信頼できる養成校の教員やカウンセラーに相談してみるのもよいと思います。また、健康面で不安がある場合は、遠慮せず早めに実習担当の教員に相談することが必要です。状況によっては必要な支援が得られるなど、何らかの対応策を講じることができるかもしれません。

## 子どもと一緒に遊ぶ実習生になろう

　実習当初は、緊張や不安のため笑顔が少なく、表情がかたくなるものです。しかし、そのようなときこそ**笑顔を心がけて子どもにかかわってみましょう。**そのような姿に子どもたちも安心して心を許し実習生に働きかけてくることでしょう。子どもたちの笑ったり、泣いたり、けんかしたりする様子を見ていくうちに知らず知らずに、不安も消えて心も体も子どもの中に溶け込んでいきます。そして自分を頼りにして「先生、先生」と腕を引っ張っていく無邪気な子どもに、懸命に応えていこうとしている自分に気づいていきます。

　実は、不安なのは実習生だけではありません。担任の保育者から実習生がくることを告

げられた子どもたちも同様に「（実習生が）自分を受け入れてくれるだろうか」と不安を抱いている子どもが少なからずいることを忘れてはいけません。不安な気持ちから自分のことだけしか考えられず、かかわってくる子どもだけと接し、自己満足な実習におわらないように気をつけたいものです。

# 子どもとつくり上げていく保育を目指そう

　子どもの発達や保育方法の実際を専門的に学び、学んだことの成果を実習園で発揮することは、自分自身の感性を磨き、達成感や充実感を得る貴重な体験となります。ところが実際は、学んできたこととは異なる姿を見せる子どもがいたり、思い描いたように子どもとうまくかかわれなかったりと、逃げ出したい気持ちになることもあるかもしれません。

　しかし、子どもとうまくかかわれるだろうかと、不安に思う必要はありません。子どもとうまくかかわることよりも、**子どもと正直に気持ちを重ねていくことが大切**です。**子どもの気持ちを受け止め、自分の気持ちを素直に子どもに表現することで、**子どもと心を通わせることができるでしょう。子どもは、実習生の一生懸命な姿を見ています。等身大の自分で子どもとかかわっていけばよいのです。うまくかかわることよりも、**子どもとともにつくり上げていく保育を**目指しましょう。

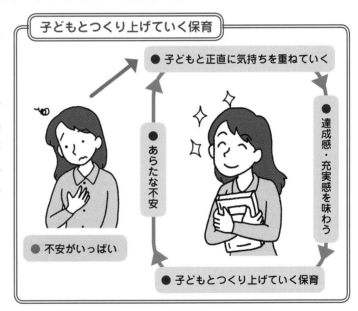

子どもとつくり上げていく保育

● 子どもと正直に気持ちを重ねていく
● あらたな不安
● 達成感・充実感を味わう
● 不安がいっぱい
● 子どもとつくり上げていく保育

---

**column　失敗して許されるのが『実習』**

　『倉橋惣三　保育へのロマン』（荒井 洌 著）の中に「教育者として未熟な諸君は、いわゆる教育者として出来上がっていかないところに、子どもと純真なる人間的交渉を持ち得る非常に優れた条件を備えている」という一節があります。つまり、未熟さそのものに価値があり、「未熟ならでは」の魅力があるということを意味しています。何事も最初はうまくいかないものだ、と考えて、失敗を恐れず、元気に笑顔で子どもたちと目一杯体を使って遊びましょう。そしてていねいな観察を積み重ねることで、徐々に保育が見えていくことでしょう。

# 幼稚園・保育所・認定こども園

## 幼稚園について確認しよう

　**幼稚園**は、小学校などと同じように**学校教育法**に定められた「**学校**」で文部科学省が管轄しています。「幼児を保育し、適当な環境を与えて、その心身の発達を助長すること」（学校教育法第22条）を目的としています。ただし、小学校のような義務教育機関ではなく、満3歳から小学校就学の年の満6歳になるまでの子どもに入園資格があります（近年一部の幼稚園では、満3歳の誕生日の前日から入園が可能になり、また未就園児クラスとして3歳未満の保育を行っている園もあります）。

　幼稚園の保育内容は、文部科学省による「**幼稚園教育要領**」に定められており、これにしたがって、**幼稚園教諭普通免許状**（専修、一種、二種）をもつ「**幼稚園教諭**」が保育を行います。**1日の教育時間は4時間を標準**として、それ以外の時間も**預かり保育**などで保育を行う園が多くあります。

　以下、幼稚園での基本的な生活の流れを確認しておきましょう。

### ある幼稚園の一日の流れ

| 時間 | 流れ | 子どもの活動 | 保育者の活動 |
|---|---|---|---|
| 8:00 | | | ・出勤、職員会議、保育準備 |
| 8:30 | 登園<br>自由遊び | ・あいさつ　・身支度<br>・自由遊び | ・あいさつ　・健康状態の確認<br>・子どもの活動に合わせた援助 |
| 9:45 | 朝の会 | ・排泄、手洗い、うがい<br>・歌をうたう | ・椅子を並べる<br>・出欠確認　・ピアノを弾く |
| 10:00 | 主な活動<br>片づけ | ・製作、リズム、運動などの活動<br>・片づけ | ・活動の説明をし、子どもに合わせた援助<br>・昼食準備、環境構成 |
| 11:45 | 昼食<br>歯みがき | ・排泄、手洗い、うがい<br>・当番活動　・歯みがき | ・食事の様子に合わせた援助 |
| 12:30 | 自由遊び | ・好きな遊びをする | ・子どもの活動に合わせた援助 |
| 13:20 | 片づけ<br>降園準備<br>帰りの会 | ・片づけ、排泄、手洗い、うがい<br>・絵本などを見る<br>・あいさつ | ・片づけや身支度など、状態に合わせた援助<br>・絵本の読み聞かせ<br>・今日の出来事の振り返り<br>・明日の予定の確認 |
| 14:00 | 降園 | ・降園する<br>・預かり保育の子どもは室内遊び | ・保護者への引き渡し（担当者はバスに乗車）<br>・預かり保育の子どもの遊びの様子を見守る |
| 14:00<br>〜 | 預かり保育 | ・保育室に移動し積み木等で遊ぶ<br>・順次降園 | ・子どもと一緒に保育室に移動<br>・保育室等の清掃や明日の準備　・職員会議 |

# 保育所について確認しよう

　**保育所**は、児童福祉法に定められた「**児童福祉施設**」でこども家庭庁が管轄しています。「保育を必要とする乳児・幼児を日々保護者の下から通わせて保育を行うこと」（児童福祉法第39条）を目的としています。1歳に満たない乳児から小学校就学の年の満6歳になるまでの保護者の就労などにより、保育を必要とする子どもに入園資格があります。

　保育所の保育内容は、厚生労働省による「**保育所保育指針**」に定められており、これにしたがって、保育士資格をもつ「**保育士**」が保育を行います。**1日の保育時間は原則8時間**ですが、それ以外の時間も**朝夕保育や延長保育**など保護者のニーズに合わせて保育を行っています。保育所保育指針の総則に「**養護及び教育を一体的に行うこと**」とあるように、長時間の保育を行う保育所では、子どもの生活を支える養護面と教育面の両方が一体となって展開されることがふさわしいといえます。また、保育所の役割には、保護者や地域の子育て支援も行うことが示されており、子育てをする家庭へのサポーターとしての機能も求められています。以下、保育所での基本的な生活の流れを確認しておきましょう。

## ある保育所の一日の流れ

| 時間 | 流れ | 子どもの活動 | 保育者の活動 |
|---|---|---|---|
| 8:15 | （7:15～）順次登園 | ・朝保育 | ・出勤　・保育準備、環境構成 |
| 8:30 | 当番引き継ぎ<br>通常保育開始<br>自由遊び | ・保育室の移動<br>・あいさつ、朝の支度<br>・自由遊び | ・当番引き継ぎ確認（連絡事項など）<br>・健康状態の確認　・あいさつ<br>・出欠と連絡帳確認　・遊びの援助 |
| 9:30 | 朝の集まり | ・排泄、手洗い、うがい<br>・今日の生活の話を聞く | ・排泄、手洗い、うがいの援助<br>・今日の生活の説明 |
| 9:45 | 主な活動<br>自由遊び　片づけ | ・今日の活動を行う（運動、散歩、製作など）・片づけ | ・活動の説明と必要な環境構成<br>・活動や片づけの援助　・食事の環境構成 |
| 11:45 | 昼食<br>うがい | ・排泄、手洗い、うがい、準備<br>・食事　・食後のうがい | ・排泄、手洗い、うがいの援助<br>・食事の配膳と援助・片づけの援助 |
| 12:10 | 着替え　排泄<br>自由遊び | ・着替え　・排泄<br>・食後の静かな遊び | ・着替えや排泄の援助<br>・食後の遊びの設定　・交代で休憩 |
| 12:50 | 午睡 | ・紙芝居など見る　・排泄<br>・ホールに移動し布団で眠る | ・紙芝居など演じる　・排泄の援助<br>・ホールに移動し入眠の援助 |
| 13:30 | | | ・連絡帳、日誌の記入、職員会議等<br>・午睡時のチェック　・教材準備 |
| 15:00 | 目覚め | ・起床　・排泄 | ・起床、布団の片づけ、排泄の援助 |
| 15:15 | おやつ | ・おやつ準備　・おやつ<br>・おやつ後のうがい | ・おやつの配膳と援助<br>・おやつの片づけの援助 |
| 15:40 | 帰りの支度<br>帰りの集まり<br>自由遊び | ・帰りの支度　・配布物の確認<br>・明日の生活について<br>・自由遊び | ・帰りの支度の援助　・配布物の説明<br>・明日の活動などの説明<br>・子どもの遊びに合わせた援助 |
| 16:00 | 順次降園 | ・迎えにきた子どもから降園<br>・排泄 | ・保護者へ連絡事項の伝達<br>・あいさつ　・排泄の援助 |
| 16:50 | 当番引き継ぎ<br>夕方保育開始<br>順次降園（～18:15） | ・夕方保育の保育室に移動<br>・夕方保育<br>・自由遊び | ・子どもと一緒に保育室へ移動<br>・当番引き継ぎ確認（連絡事項など）<br>・保育室整備　・教材準備 |

※ここで掲載した幼稚園・保育所での一日の時間・生活はあくまでも参考例です。各幼稚園・保育所・各年齢によって異なりますので、オリエンテーション等の際に実習園の一日の流れやデイリープログラムなどを確認してください。

# 認定こども園について確認しよう

　認定こども園は、**就学前の子どもに関する教育、保育等の総合的な提供の推進に関する法律**（通称「**認定こども園法**」）に定められた幼稚園と保育所の機能を併せもつ施設でこども家庭庁が管轄しています。また、認定こども園には、次の４つの類型があります。

### 認定こども園の４つの類型

| 型 | 機能 | 説　明 |
|---|---|---|
| ①幼保連携型認定こども園 | 「学校」かつ「児童福祉施設」 | 幼稚園的機能と保育所的機能の両方の機能をあわせもつ単一の施設として、認定こども園としての機能を果たすタイプ |
| ②幼稚園型認定こども園 | 「学校」（幼稚園＋保育所機能） | 認可幼稚園が、保育が必要な子どものための保育時間を確保するなど、保育所的な機能を備えて認定こども園としての機能を果たすタイプ |
| ③保育所型認定こども園 | 「児童福祉施設」（保育所＋幼稚園機能） | 認可保育所が、保育が必要な子ども以外の子どもも受け入れるなど、幼稚園的な機能を備えることで認定こども園としての機能を果たすタイプ |
| ④地方裁量型認定こども園 | 幼稚園機能＋保育所機能 | 幼稚園・保育所いずれの認可もない地域の教育・保育施設が、認定こども園として必要な機能を果たすタイプ |

　つまり幼保連携型であれば、学校教育法に基づく「学校」と児童福祉法に基づく「児童福祉施設」の両方の機能を有しており、満３歳以上の子どもおよび満３歳未満の保育を必要とする子どもに入園資格があります。幼稚園型であれば学校教育法に基づく「学校」に保育所の機能が付加されており、満３歳以上の子どもおよび地域で保育が必要な子どもの入園が可能で、保育所型であれば児童福祉法に基づく「児童福祉施設」に幼稚園の機能が付加されており、１歳に満たない乳児から小学校就学前の保育が必要な子どもの入園が可能な施設となります。なお、地方裁量型は幼稚園や保育所の認可を受けた施設ではありませんが、認定こども園として必要な要件を満たした施設ということになります。

　認定こども園の保育内容は、幼保連携型は**幼保連携型認定こども園教育・保育要領**に定められており、幼稚園型は幼稚園教育要領、保育所型は保育所保育指針に基づくことが前提となります。幼保連携型では、幼稚園教諭普通免許状と保育士資格をもつ「**保育教諭**」が保育を行うこととされており、その他の認定こども園でもこの２つの免許資格の併有が望ましいとされています。なお、満３歳未満児の保育を行う場合は保育士資格が必要となります。**幼保連携型の場合、開園時間を原則 11 時間とし、短時間利用児、長時間利用児の共通利用時間を４時間程度**、保育を必要とする子どもの保育時間をその状況に合わせて**保育短時間認定の場合は最長８時間、保育標準時間認定の場合は最長 11 時間で保育を行っています。**幼稚園型であれば幼稚園、保育所型であれば保育所での受け入れ時間が基本となり、それぞれ状況に応じて預かり保育や延長保育などを行います。なお、**教育・保育実習を行えるのは認可園だけですので、認可を受けていない認定こども園では実習を行うことはできません。**

　ここでは各認定こども園の一日の流れは省略しますが、幼保連携型であれば、先に掲載した幼稚園の一日の流れで生活する子どもと保育所の一日の流れで生活する子どもの両方が生活していることになります。つまり短時間保育の子どもと長時間保育の子どもが在籍

## 幼稚園・保育所・認定こども園の比較

| | 幼稚園 | 保育所 | 認定こども園 |
|---|---|---|---|
| 所管 | 文部科学省 | こども家庭庁 | こども家庭庁 |
| 法規 | 学校教育法（学校教育施設） | 児童福祉法（児童福祉施設） | 就学前の子どもに関する教育、保育等の総合的な提供の推進に関する法律（通称「認定こども園法」） |
| 保育の対象 | 保護者の就労の有無にかかわらず満3歳から、小学校就学までのすべての幼児 | 保護者の就労等から保育が必要な乳児（満1歳に満たない者）と幼児（満1歳から小学校就学までのすべての子ども） | 満3歳以上の子どもおよび満3歳未満の保育を必要とする子ども |
| 目的 | 幼稚園は、義務教育及びその後の教育の基礎を培うものとして、幼児を保育し、幼児の健やかな成長のために適当な環境を与えて、その心身の発達を助長すること | 保育所は、保育を必要とする乳児・幼児を日々保護者の下から通わせて保育を行うこと | 小学校就学前の子どもに対する教育および保育の提供。保護者に対する子育て支援の総合的な提供 |
| 設置・運営の基準 | 「幼稚園設置基準」「学校教育法」第3条による | 「児童福祉施設の設備及び運営に関する基準」「児童福祉法」第45条による | 「幼保連携型認定こども園の学級の編制、職員、設備及び運営に関する基準」「認定こども園法」第13条による |
| 教育・保育内容 | 幼稚園教育要領 | 保育所保育指針 | 幼保連携型認定こども園教育・保育要領 |
| 免許・資格 | 幼稚園教諭普通免許状 | 保育士資格証明書 | 保育教諭（保育士資格および幼稚園教諭普通免許の両免許資格取得者） |
| 保育日数 | 特別な事情がない場合、39週以上 | 規定なし | 入所児童に応じて施設で決定 |
| 保育時間 | 1日4時間を標準とするが、幼児の心身の発達の程度や季節などに適切に配慮すること | 1日8時間を原則とし、その地方での乳児・幼児の保護者の労働時間やその他の家庭の状況などを考慮して、保育所の長が定めること | 4時間利用ないしは11時間利用 |
| 時間外保育 | 通常保育開始前の早朝預かりおよび終了後の預かり保育などを実施している | 朝夕保育・延長保育・夜間保育も実施している | 状況に応じて契約時間外の預かり保育を行う |
| 通園方法 | 保護者の送迎や園バスでの送迎もある | 保護者の送迎がほとんどである | 1号認定の場合、保護者の送迎や園バスでの送迎もある<br>2・3号認定の場合、保護者の送迎がほとんどである |
| 学級 | 1学級35人以下（複数担任を置く場合もある） | 0歳児3人当たり保育士1人<br>1～2歳児6人当たり保育士1人<br>3歳児20人当たり保育士1人<br>4～5歳児30人当たり保育士1人 | 0～2歳児に対しては保育所と同様の配置が望ましい。3～5歳児はおおむね子ども20～35人に1人 |
| 保護者との契約 | 希望園と直接入園契約 | 市区町村が入園を最終決定 | 原則、希望園と直接入園契約。保育所型および幼保連携型の認定こども園は保育が必要な子どもの認定について市町村に申込書が送付され、施設宛に保育が必要な子どもの通知を行う。 |
| 給食 | 自園調理か外部搬入（調理室の設置義務なし） | 自園調理が原則（調理室の設置義務あり） | 自園調理が原則（調理室の設置義務あり） |

していることになりますので、保育時間の異なる子どもへの配慮が必要となります。なお、以後、本書で例にあげる認定こども園は幼保連携型を取り上げますので、幼稚園型は幼稚園、保育所型は保育所の解説や実例部分を参考にしてください。

前頁は幼稚園・保育所・認定こども園の比較の表になりますので、自分が実習を行う園がどのような場であるのか事前にしっかり確認しておきましょう。

## 保育内容について確認しよう

### 保育内容とは

保育内容とは、一言でいえば子どもが経験することです。保育者の視点からいうと、子どもに経験してほしいことともいえます。幼稚園や保育所、認定こども園では子ども一人一人の興味・関心が満たされるような環境を構成し、その環境に子どもが主体的にかかわって取り組む活動が充実するよう援助していくことが重視されています。つまり、園生活の中で子どもたちが取り組む活動は、保育者が用意し与えるものではなく、子ども自身が興味・関心に基づいて自らやってみたいと思う事柄が大切にされています。子ども自身が興味・関心に基づいて展開する活動には、子どもの発達にとって重要な経験がたくさん含まれており、保育者はそうした経験を見逃さずその経験が子どもの発達に繋がるよう援助します。

つまり、保育内容とは何か具体的な子どもの活動が先に考えられているのではなく、子ども一人一人が興味・関心に基づいて自ら展開していく活動の中から、保育者として子どもに育てたいと願う事柄につながるような経験を見出し、発達につなげていくことが基本となります。

### ねらいと内容とは

それでは、幼稚園や保育所、認定こども園で子どもにぜひとも育てたいと願う事柄とはどのようなことでしょうか。幼稚園教育要領や保育所保育指針、幼保連携型認定こども園教育・保育要領には、育みたい資質・能力として以下の3点を示しています。

> (1) 豊かな体験を通じて、感じたり、気付いたり、分かったり、できるようになったりする「知識及び技能の基礎」
>
> (2) 気付いたことや、できるようになったことなどを使い、考えたり、試したり、工夫したり、表現したりする「思考力、判断力、表現力等の基礎」
>
> (3) 心情、意欲、態度が育つ中で、よりよい生活を営もうとする「学びに向かう力、人間性等」

この育みたい資質・能力を子どもの生活する姿からとらえたものがねらいであり、ねらいは幼稚園や保育所、認定こども園で子どもたちに育てたい具体的な事項です。また、このねらいを達成するために保育者が援助し子どもたちが経験する事項を内容といいます。

### 1歳以上3歳未満および3歳以上の保育内容（5領域）

　子どもたちに育てたい具体的姿としてのねらいと、そのように育つために援助し、経験してほしいと願う内容はたくさんあります。これらのねらいと内容を子どもの発達の側面からまとめ示したものを**領域**といいます。

　1歳以上3歳未満および3歳以上については、幼稚園や保育所、認定こども園ともに共通して図にあるとおり、「**健康**」、「**人間関係**」、「**環境**」、「**言葉**」、「**表現**」の5つの「領

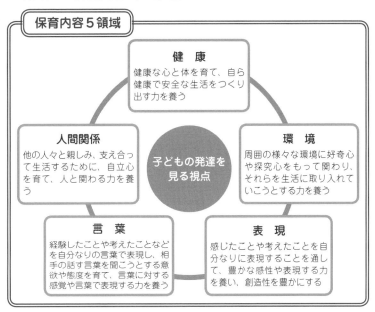

保育内容5領域

**健康**
健康な心と体を育て、自ら健康で安全な生活をつくり出す力を養う

**人間関係**
他の人々と親しみ、支え合って生活するために、自立心を育て、人と関わる力を養う

子どもの発達を見る視点

**環境**
周囲の様々な環境に好奇心や探究心をもって関わり、それらを生活に取り入れていこうとする力を養う

**言葉**
経験したことや考えたことなどを自分なりの言葉で表現し、相手の話す言葉を聞こうとする意欲や態度を育て、言葉に対する感覚や言葉で表現する力を養う

**表現**
感じたことや考えたことを自分なりに表現することを通して、豊かな感性や表現する力を養い、創造性を豊かにする

域」が示されています。**5領域**は人間が生きていく上でその基盤となる力を養うための視点であり、そうした力が子どもの中に偏りなく育っていくために必要なさまざまな経験を保障していく上で大切な目安として示されているといえます。また、子どもの遊びにはさまざまな領域にかかわる経験が複合的に含まれており、それらは一つ一つ切り離して考えられるものではありません。5領域は実際には子どもの遊びの中で相互に関連しながら、そのねらいの達成に向かって進んでいきます。

### 0歳児の保育内容（3つの視点）

　1歳以上については、3歳未満児と3歳以上児に分けてその内容を5領域に示していますが、1歳未満児についてはその発達の特徴を踏まえて5領域ではなく、**3つの視点**としてまとめられています。0歳児は、生活や遊びが充実することを通して、子どもたちの身体的・精神的・社会的発達の基盤を培うという基本的な考え方を踏まえ、「**健やかに伸び伸びと育つ**」、「**身近な人と気持ちが通じ合う**」、「**身近なものと関わり感性が育つ**」の3つの視点が示されています。これら3つの視点は、5領域とまった

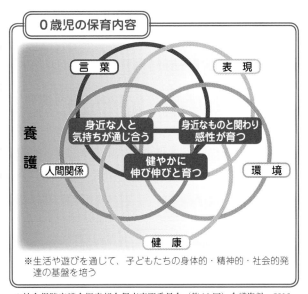

0歳児の保育内容

言葉　　　表現

養護

身近な人と気持ちが通じ合う　　身近なものと関わり感性が育つ

人間関係　　健やかに伸び伸びと育つ　　環境

健康

※生活や遊びを通じて、子どもたちの身体的・精神的・社会発達の基盤を培う

※社会保障審議会児童部会保育専門委員会（第10回）会議資料、2016

く関係のない視点ではなく、図に示すとおり、5領域との連続性を意識しながら示されています。

# 実習の心構え

実習は養成校での授業とは異なり、実際に幼稚園や保育所、認定こども園に行き、子どもたちとふれあい、自らも保育に参加し、学ぶことになります。保育者として、子どもたちの命を預かり、人間形成の重要な時期に子どもたちとかかわるという重要な役割を担うことになります。そのことを意識して、実習に臨む必要があります。実習中であっても、**子どもたちにとっては、実習生ではなく保育者**です。みなさんの行動や話す言葉、立ち居振る舞い、すべてのことが**子どもたちの見本**

となります。実習に行ったときだけ自分の行動を直そうとしても、日常生活の中で日ごろから気をつけていないと、習慣となっているものは無意識に出てしまうものです。

このようなことを踏まえて、実習を行うにあたっては、次のような心構えをもって実習に臨むことが大切です。

## ➡ POINT ① 誠実で熱心な態度で臨もう

実習生は保育者にとって「保育を真剣に学び、将来ともに保育をする仲間になる学生」です。実習でどれだけ保育に対して熱心に学ぼうとする姿勢が見られるか、子どもたちや保護者、保育者に対して誠実に対応できるかということが問われます。

## ➡ POINT ② 社会人としての常識・礼儀・謙虚な姿勢を忘れずに

実習生であっても、実習中は一保育者として見られます。アルバイトのような感覚では実習をすることはできません。実習生も同じ「先生」として見られますので、社会人としての常識やマナー、礼儀には気をつけましょう。当たり前のことですが、時間を厳守する、あいさつをきちんとする、保育者として身だしなみを整える、言葉づかいに気をつける、さまざまな注意点があります。自分ができていないと思うことに関しては、日ごろから気をつけていないと実習中のふとした瞬間に、出てしまうことが多くあります。

また、忙しい中、実習を受け入れていただいているということを忘れずに、謙虚な姿勢で実習に臨みましょう。

### POINT ③  目的をもった積極的な行動を心がけよう

実習中は日々のねらい（本書 p.84 参照）をもって実習に臨まなくてはなりません。実習中に何を学びたいのか課題をもって実習に臨むことで、より深い学びができ、実習でしか得ることのできない学びを獲得することができます。また、どのようなことも積極的に取り組もうとする姿勢は学びの獲得にもつながっていきます。そのためにも、しっかりと事前に実習中にどのようなことを学びたいのか、目的と課題をはっきりとさせることが大切になってきます。

### POINT ④  養成校を代表して実習するという意識を忘れずに

実習園は養成校からの依頼で実習を引き受けてくださっています。みなさんは養成校の代表として実習に行きます。先輩方が就職されている園、または今後、後輩たちが実習にうかがう可能性がある園、同級生が就職する可能性のある園ということを意識して、実習に臨まなくてはなりません。自分だけが実習に行くわけではないので、しっかりと養成校の代表であることを意識し、自覚して実習に臨みましょう。

実習園を自己開拓した場合も自ら実習をお願いしているわけですから、その意識を忘れずに実習に臨みましょう。

### POINT ⑤  わからないことはかならず確認しよう

実習中のわからないことは、勝手に判断せずにかならず実習担当の保育者に確認して行動しましょう。自分勝手な判断によって子どもたちの安全や健康が損なわれるようなことがあれば重大な問題となります。実習生は実習を通して学んでいる段階ですので、わからないことがあって当然です。遠慮せずに実習担当の保育者に聞きましょう。

### POINT ⑥  健康管理に留意しよう

実習中の健康管理（本書 p.20 参照）はとても大切です。実習生も保育者の一員です。実習中に体調を崩すことや、感染症にかかることがないように留意しましょう。

実習中は日々の緊張や不慣れなこと、睡眠時間の不足などで体調を崩しやすくなります。日ごろから規則正しい生活を心がけましょう。

# 5 健康管理と感染症

## 健康管理に気をつけよう

### 子どもの健康管理

保育者の職務には子どもの健康や安全の管理も含まれています。日々の保育において**一人一人の健康状態や発達の把握を行うことは子どもたちが安心・安全な生活を送る上で欠かすことができません。**保育現場で保育者が行う子どもの健康管理について知っておくことが大切となります。保育者が子どもの健康状態を把握することにより、子どもたちの中で流行する病気などの予防対策を考え取り組むことができます。実習中には、子どもが保育中に体調不良になったり、けがをした際の保育者の対応なども学ぶことができます。保育者の対応だけではなく、看護師や嘱託医との連携も見られることがあるかもしれませんので、そのような場合はその対応についてもしっかりと学びましょう。

また、子どもの健康管理では疾病対策だけではなく、アレルギー疾患の子どもへの対応も重要な職務となります。アレルギー疾患にはさまざまありますが、日ごろ保育者が気をつけているのは生活環境と食べ物です。生活環境ではダニやホコリなどへの配慮です。子どもたちが生活する場所は清潔に保つ必要があります。食べ物に関しては給食やおやつでの除去食対応です。保育者と保護者、調理員、栄養士などと細かく連携を取り対応しています。園でどのような対応が行われているのかを実習中に観察してみましょう。

### 実習生の健康管理

実習生は**実習が始まる前は体調を崩さないよう自己管理してください。**とくに実習が始まる1週間くらい前からはアルバイトや部活、サークル活動、人混みへの外出などは控えるようにし、健康な状態で実習が始められるように準備します。また、養成校から指定されている健康管理表などに実習が始まる1〜2週間前から毎日熱を測り、日々の体調の記録をつけるようにしましょう。養成校から指定されていない場合でも次頁のような項目について自分で記録をつけておきましょう。

また、実習前に細菌検査を実施する必要があります。細菌検査を受ける前の食事には気をつけるようにしてください。とくに生ものや火が十分に通っていない肉などを食してい

## 健康管理表の一例

| 学籍番号 | | 氏名 | | |
|---|---|---|---|---|
| 実習施設名 | | | | |
| 実習期間 | 年 月 日（ ）～ | | 年 月 日（ ） | |
| 実習前日付 | 体 温 | 体 調 | | 外 出 |
| 6月10日 | 36.3 ℃ | 咳 ・ 鼻水 ・ 喉の痛み ・ ⟨頭痛⟩・ ⟨倦怠感⟩・ 下痢 | | バイト |
| 月 日 | ℃ | | | |
| 月 日 | ℃ | | | |

る場合に、細菌検査で陽性の反応が出てしまうことがあります。その場合には再度検査を受けなくてはならないため、予定通り実習が開始できなくなってしまう可能性があります。検体を採取する前の食事は気をつけてとるようにしてください。

# 感染症とその対策を確認しよう

### 流行する感染症

実習を行う季節やタイミングによっては感染症が流行していることがあります。インフルエンザをはじめ、新型コロナウイルス感染症（COVID-19）、溶連菌感染症、麻疹、風疹、感染性胃腸炎、水痘、流行性耳下腺炎などさまざまな感染症の流行が予測されます。季節や世の中の状況、園の中で流行するものも多いので、**実習を行う際には感染症に注意を払う必要があります**。まずは、実習生が感染症を園にもち込まないようにしましょう。

園での生活は子ども同士が多くかかわり、食事や遊びなど集団生活の中で触れ合っています。抵抗力が弱く感染症にかかりやすい子どもたちに対する適切な予防策や対応を学んでいきましょう。

### 感染症の対策

実習に限らず、感染症にかからないように日ごろから気をつけて日常生活を送ることが望ましいです。とくに実習中は普段と違う環境や緊張や不安、睡眠不足などになるため、感染症にかかりやすい状況になります。**規則正しい生活習慣、手洗い・うがい、食事、予防接種など感染症にかからないために自分たちで行える予防対策をとりましょう**。これまで自分が幼少期からどのような感染症にかかったことがあるか、どの予防接種を受けてきたのか母子健康手帳などを確認しておくとよいでしょう。

また、感染症の流行の状況にもよりますが、園からの指定や必要がある場合には実習中にマスクの着用を求められることもあります。その場合にはマスクを着用して実習を行ってください。

# 守秘義務

## 守秘義務は絶対に守ろう

### 実習生でも守秘義務は守らなければならない

保育の現場では、子どもの生育歴や発達の状況に関する情報、保護者に関する情報など、たくさんの個人情報にふれます。これらの個人情報を外部に漏らすことはかたく禁じられています。

> 保育士は、正当な理由がなく、その業務に関して知り得た人の秘密を漏らしてはならない。保育士でなくなった後においても、同様とする。（児童福祉法第18条の22）
>
> 守秘義務

守秘義務は実習生も絶対に守らなければなりません。実習日誌や実習報告書は、子どもの名前は基本的に仮名で書き、個人が特定できないように注意を払いましょう。また家庭の事情などの秘密にすべき具体的なことは、実習日誌に書かないようにしましょう。口頭で子どもの個人情報についてほかの人に伝達することもしてはいけません。次にあげる事例1は、守秘義務を守らなかったために実習が中止になってしまった一例です。

---

**事例1** バスの中で話してしまった！

Y子さんは、早めに実習先の幼稚園に行こうと、バスに乗っていました。すると同じく実習中の友人が乗車してきました。Y子さんは、対応に困っているKくん（実名）の名前を出して友人に対応の相談をしていました。ところが、バスの前の席に座っていたのは、そのKくんのおばあちゃんでした。おばあちゃんは、Y子さんの顔を知っていたのですが、Y子さんはおばあちゃんの顔を知りません。そのまま「Kくんの問題行動」を話し続けました。後日、おばあちゃんと保護者が幼稚園に伝え、事態がおおやけになり、結局、Y子さんは実習中止になりました。

---

### 実習園で得た個人情報は、写真なども含めて絶対に外部に漏らさない

実習中、子どもや保護者のさまざまな個人情報を知ることは、保育を考える上でとても参考になります。また、子どもや保護者と実習の記念に写真撮影などする機会もあるかもしれません。それ自体は実習でのよい思い出にもなるでしょう。しかし、これらは自分の個人情報以上に慎重に扱うべき情報であり、絶対に外部に漏らしてはいけません。

現在は、SNS（Social Networking Service）などのインターネットを通して、あらゆる情報を見知らぬ人と気軽に共有する時代です。実習園の子どもの写真がかわいいからと

いって、SNS に掲載したり、紹介したりするなどの行為は絶対にしてはいけません。これらの行為は、養成校と実習園の信頼関係が崩れるだけでなく、次年度以降の実習生も受け入れてもらえなくなります。場合によっては、子どもや保護者に危険が生じたり、個人情報を漏洩したとして裁判になることもあります。

実習生自身が安全に安心して実習をするためにも、あらゆる個人情報の取り扱いには細心の注意を払って、絶対に外部に漏らさないようにしましょう。

---

**守秘義務違反になる絶対してはいけないこと！**

- **NG** 子どもや実習日誌を写真に撮り、SNS などに掲載する。

- **NG** SNS などで実習園の不満などを「園名」や「名前」を入れて、中傷する。

- **NG** 個人名を入れて SNS に書き込む（楽しかった活動等のよい出来事であっても禁止）。

- **NG** 通勤途中で個人情報を口外する。

- **NG** 実習生同士で園児の実名を出しながら会話をする。

- **NG** 園児の家族に関する個人的な話題（ex.「○○君の家族はよく○○の店で食事をしている」）を自分の家族に話す。

---

# 実習生自身の個人情報についても注意しよう

実習園や保育者の情報や子どもおよび保護者の情報について、絶対に漏らしてはいけないことは確認しましたが、実習生自身の情報の管理についてはどうでしょうか。ある実習生の事例から確認しましょう。

---

**事例2** 🗨️ **仲良くなった保護者と SNS の連絡先を交換した！**

M子さんは、自宅に近い保育所で実習をしていました。実習の帰りに近くのスーパーで買い物をしていると、実習園の保護者に話しかけられました。その保護者はM子さんのお姉さんの同級生で小さいころからよく知っていた人で仲良くなり、「SNS の連絡先を交換しませんか？」と言われました。M子さんは少し迷いましたが、うれしい気持ちもあり、SNS の連絡先を交換をしました。

それから保護者の方からM子さんの SNS の投稿をフォローしてもらい、とても仲良くなり、実習でのことやプライベートな内容もやりとりするようになりました。そんなあるとき、大学の実習担当の教員より呼び出され、保護者の方がM子さんの SNS の投稿内容を実習園の保育者や他の保護者にすべて話していたとのことで大問題となり、その園では次年度より実習を受け入れてもらえないことになってしまいました。

---

実習中は、養成校の一学生として実習をさせていただいている立場です。実習生として、いかなる理由があっても、SNS やメールアドレス、電話番号などの個人情報を保護者や保育者に教えてはいけません。この事例2の実習生のように悪気はなくとも、このような軽率な行動が、保護者と実習園、実習園と養成校などの関係を壊す大きな問題にもつながるのです。

# 実習園の決定まで

## 養成校が実習園を配属する場合

　実習園の決定には大きく2つの方法があります。1つは**養成校が実習園を選定し、実習生を配属する方法**です。この場合は、養成校とつながりのある園や先輩方が就職した園などの私立園、あるいは実習生が住んでいる市区町村の公立園に配属されます。養成校が直接実習園とのやりとりをするので、実習生が直接実習園と連絡を取ったりすることはオリエンテーションまでありません。

## 自己開拓で実習園を探す場合

　2つめは、**自分で実習園を見つける方法**です。この自己開拓の利点は、自分の興味・関心のある保育をしている園で学ぶことができることや就職につながりやすいことです。卒園した園、あるいは自分が養成校を卒業した後に就職を考えている園、実習を行ってみたいと思う園等、実習生それぞれの理由によって実習園の見つけ方は異なります。

　実習園を探すときに注意をしなくてはいけない点がいくつかあります。**1つは、実習園までの通勤の時間**です。基本的には自宅から1時間以内で通うことができる範囲で実習園を探しましょう。あまり遠いと通勤に時間がかかり、実習日誌を書く時間や睡眠時間の確保等に影響が出てしまいます。公共の交通機関を利用して1時間程度で通うことのできる範囲が目安となります。公共の交通機関がない場合は、自転車や自動車での通勤ということも実習園および養成校の許可があれば可能となります。

　**2つめは認可されている園である**かということです。幼稚園は文部科学省が認定している園を実習園として選びましょう。幼児教室等は、幼稚園と異なるので、実習園として選択することはできません。保育所には認可保育所、認証保育所、無認可保育所等がありますが、実習園には認可保育所を選びます。自分で認可保育所かわからない場合は、養成校の実習担当の教員に相談しましょう。認定こども園でも実習を行うことができますが、養成校の実習担当の教員にかならず確認をしてから実習の依頼することが大切です。

　実習したい園が公立の場合は、養成校で自治体に依頼をして実習を受け入れていただくので、養成校の実習担当の教員に申し出て指示に従いましょう。

　実習したい園が私立の場合は、実習生が実習の依頼を行う場合もあります。実習の依頼を行う場合は、各養成校での注意点をよく確認し、まずは電話を入れます。電話を入れた後に実習園を訪問し、書類などを持参する場合があります。

## 実践例 | 実習依頼の電話のかけ方

実習を行いたい園に電話を入れる場合……。

「こんにちは。私は○○大学（短期大学・専門学校）○○学部○○学科○年の○○○○と申します。突然のお電話で申し訳ありません。本日、実習のことについておうかがいしたく、お電話いたしました。園長先生または実習担当の先生は今いらっしゃいますか？」

園長先生または実習担当の保育者の方に代わっていただいたら……。

「こんにちは。私は○○大学（短期大学・専門学校）○○学部○○学科○年の○○○○と申します。お忙しいところ申し訳ありません。今、養成校で幼稚園教諭免許（保育士資格）を取得するための勉強をしています。実は、□□年の□月～□月の間に幼稚園（保育所、認定こども園）実習を予定しているのですが、ぜひ、○○幼稚園（保育所、認定こども園）で実習をさせていただきたいと思い、お電話をしました」

実習を受け入れてくださる場合……。

「ありがとうございます。養成校から預かっている書類があるのですが、園におうかがいしてお渡ししたいと思います。いつおうかがいすればよろしいでしょうか？」

自分の予定と実習園の都合のよい日程を合わせて調整しましょう。約束の日時は復唱して確認しましょう。

### こんなときは!?

**保育者の方々が忙しそう！**

電話をかけるタイミングにも気をつけましょう。保育の忙しい時間帯などは避けましょう（p.32参照）。忙しそうな場合は、電話をしてよい時間をうかがい、かけ直してもよいでしょう。

### こんなときは!?

**断られてしまったら！**

断られてしまった場合は「わかりました。お忙しい中、ありがとうございました」とお礼を言って電話を切りましょう。ほかにも実習園はあるので、落ち込まずに次にお願いするところを探しましょう。

### 訪問する際の注意点

● 訪問する日程は、養成校の授業や試験に差し支えないようにしましょう。
● 訪問する場合は、本書 Part 1 「10 実習園でのオリエンテーション」（p.35参照）に記載されている服装で訪問するようにしてください。
● 書類がしわにならないように、書類が入る大きさのかばんでうかがいましょう。

# 実習生に求められるもの

## 実習園は実習生に何を求めているのだろう

　実習生を受け入れることは、実習園にとっても大事なことです。将来の同僚となり得る実習生のみなさんを保育者として育てていくことは、保育者の大切な役割にもなります。実習園の保育者は、実習という限られた時間の中でみなさんに子どもと多くかかわってもらいたいと思っています。それは、子どもたちとかかわることで、「保育の仕事は楽しいんだ」、「先生みたいな保育者になりたいな」などという保育の仕事の楽しさや、やりがいなどを感じてもらいたいと思っているからです。もちろん、保育を行う上で大切な保育の技術や知識、または保護者支援などの専門的な保育者の役割を学んでいくことも必要ですが、まずは、子どもたちとのかかわりを通して、**子どもたちのかわいさや子どもとふれあうことの楽しさ、保育をする中で子どもの成長の素晴らしさを感じること、保育を行う喜びなどを感じてもらいたいのです。**

　毎日、子どもたちとかかわることにより、子どもたちのことを理解していくことができますし、実際の子どもの発達過程を学ぶことができます。また、子どもたちとのかかわりを通して、実習中にみなさんが感じる保育の仕事の楽しさや、やりがいなどの思いは保育者がどのように子どもたちにかかわっているのだろうというような具体的な保育の内容に興味・関心を抱くことや、保育の技術や知識、保育者の専門的な役割を学びたいというみなさんの意欲を高めることにつながっていくのです。

## 養成校は実習生に何を求めているのだろう

　実習生を送り出す養成校としては、これまで**実習生が養成校で学んできた教科目と現場での実際の子どもたちの様子などが関連していることを感じてきてもらいたいのです。**養成校では教科書や映像を使用した授業を通して、子どもたちのことや保育の知識および技術について学んできました。しかし、実際の保育現場では子どもたちの月齢や個々の発達の差によって、机上で学んできたものとの違い、または一致を観察し、学ぶことができます。これは現場での実習でしか見て感じることができないものです。

　また、失敗を恐れずに、さまざまなことに挑戦してほしいものです。絵本の読み聞かせでうまく子どもたちの注意をひきつけることができなかった、責任（部分・一日）実習で予測していた子どもたちの反応とまったく違う反応があり、どうしてよいのかわからな

かったなどのように、失敗することはあります。失敗することは実習生にとってはとても
いやなものかもしれません。また、失敗しないように入念に準備をしてきているでしょ
う。しかし、実習園の保育者は実習生は失敗して当然である、完璧にできるとは思ってい
ません。失敗をすることによって、自分の実習を振り返り、何がいけなかったのか、どう
するべきだったのかということを振り返りを通して学ぶことができるのです。また、保育
者からどうすればよかったのかなどのアドバイスをいただくことができます。**経験を通し
て学んだことは、忘れることなく、次への実習または実践へとつながっていくことでしょ
う。**失敗を恐れずに、ぜひさまざまなことに挑戦していきましょう。

## 実習に何を求めたらよいだろう

　初めての実習では、期待と不安が入り混じった状態で実習の初日を迎えることでしょ
う。しかし、実習生は保育の実際や技術および知識を学ぶことはもちろんですが、ほかに
も大切なことを実習を通して求めていくのです。実習生は実習を通して、子どもたちとか
かわりながら、自分自身がどのような保育者になっていきたいのかについて考えていきま
す。それは、実習の中で**将来このような保育をしてみたいと思う保育観を形成していくこ
と**につながります。また、こんな保育者になりたいと思うような保育者に実習を通して出
会うことができるのです。このように保育観を形成していくことや、未来の自分を想像し
てこんな保育者になりたいという思いが、実習生自身を成長させていくことにつながって
いきます。

　実習生自身は実習中にあまり意識をすることはないかもしれませんが、実習がおわった
後の振り返りを通して、保育観や未来の自分がなりたい保育者像を形成していきます。実
習生自身が実習を通して求めるものは知識や技術もありますが、この保育観の形成や保育
者像を形成していくことが一番求められているのです。

# 実習課題の立て方

## 実習課題はどのように考えたらよいだろう

### 実習課題とは

　実習は限られた短い期間しかありません。緊張や不安を感じながらただ日々を過ごしているだけでは、実習はあっという間におわってしまうでしょう。それでは自分の中に「実習で学んだこと」は残りません。実習は、この短い期間の中で、どれだけの学びができるのかということが重要になってきます。そこで、**実習での学びが充実したものになるように、実習課題を立てて実習に臨みましょう。**

　実習課題とは、実習中にどのようなことを学びたいのかということを、具体的に示したものになります。実習課題は、実習の経験回数によって立てる内容が異なってきます。実習の経験回数や段階をふまえて、実習課題を立てるようにしましょう。

### 実習課題の立て方のポイント──1回目の実習の場合

　実習課題は、実習への抱負や意気込みを書くものではありません。初めての実習をがんばりたいとか、積極的に取り組みたいということはとても大切なことですが、それは実習の心構えとして当然あるべきものです。この実習課題では、そのような心構えを書くのではなく、みなさんがこの**実習を通して何を学びたいのかを明確にする**ものなのです。

　まずはこれまでに養成校の授業で学んだことも踏まえながら、自分が興味・関心のあることを見つけ、実習課題を立てていきましょう。また、初めての実習では、保育の基本的な事項を課題に設定することで、実際の保育現場での具体的な学びを得ることができると思います。たとえば、園の一日の流れや保育者の職務内容、子どもたちの発達過程、園の役割や機能など実際の保育現場で学んでみたいことを書き出して、課題を立てていきましょう。

### 実習課題の立て方のポイント──2回目以降の実習の場合

　2回目以降の実習の場合、実習課題はこれまでの実習での学びを踏まえた課題を立てていくことが重要です。**これまでの実習を振り返り、反省や課題を見出して実習課題を立てることで、** さらに保育についての学びを深めていくことができます。まず、これまでの実習で自分にどのような反省や課題があったのかを思い出し、書き出してみましょう。書き出された項目から、実習でどのようなことを学びたいのかを踏まえながら整理していきま

しょう。

　初めての園で実習をする場合は、あらためて園の保育方針や特徴、一日の流れをつかむことも含め、これまでの実習で学ぶことができなかったことや、反省を生かして次はどのような実習にしたいのかなどを具体的に書くことが大切です。

　1度実習を経験した園と同じ園で実習をする場合は、すでに実習園がどのような保育方針であるか、保育にどのような特徴があるのかということを学んでいるため、実習園の保育方針や保育の特徴を考えた上でより具体的な実習課題を立てていくことも必要になってきます。

## 実習課題を立ててみよう

### ● 1回目の実習（観察・参加・部分実習）の実習課題の実例（保育所）

　では、初めて実習に行くときに立てる実習課題の実例を見てみましょう。なお、本書の実例では「です・ます調」で記述していますが、養成校や実習園によっては「だ・である調」で記述するよう指導される場合もありますので、養成校や実習園の指導に従って記述するようにしましょう。

> 　今回は初めての実習にあたり、実際に保育現場で子どもたちとかかわることを通して、保育所の一日の流れを理解し、子どもたちの各年齢における発達過程について学びたいと思います。とくに、以下の4点について具体的に学びたいと思います。
>
> 　1つ目は○○保育園の一日の流れを学ぶことです。登園から降園までの子どもたちの生活リズムについて理解し、保育者の動きをよく観察し、学んでいきたいと思っています。
>
> 　2つ目は子どもの発達過程についてです。子どもとかかわることを通して、学校で学んだ子どもたちの発達と照らし合わせながら、実際の子どもたちの様子をよく観察し、一人一人の発達の差や、保育者の対応について学び、自らも子どもたちとかかわっていきたいと考えています。
>
> 　3つ目は乳児保育について学ぶことです。まずは乳児の一日の生活の流れについて学び、理解したいと思います。その上で、乳児とかかわり、授乳やオムツ交換などの技術を身につけていきたいと思います。また、乳児とかかわる中でとくに配慮しなくてはいけない点や衛生面で気をつけなければいけない点についても、実践を通して学び、身につけていきたいと考えています。
>
> 　4つ目は部分実習で絵本・紙芝居の読み聞かせを実践させていただくことです。実習中に部分実習をさせていただく機会があれば、事前にしっかりと計画を立て、準備を行い、実践してみたいと考えています。実践を通して自分に足りない技術や、反省点・課題を見つけて改善していきたいと思います。具体的には、子どもたちの発達に合った絵本・紙芝居を選び、絵本・紙芝居の読み聞かせを実践してみたいと思います。

　初めての実習ということを意識して、実践を通して学ぶことができることを実習課題と

してあげてみました。ただ、「発達過程を見たい」とか「乳児保育について学ぶ」だけではなく、その中で、どのようなことを観察したいのか、学びたいのかという具体的な事項をあげていくことが重要となります。みなさんがこの実習で何を学びたいのかということが園の保育者に伝わるように書くことを心がけましょう。

### 2回目以降の実習（参加・責任（部分・一日）実習）の実習課題の実例（保育所）

次に2回目以降の保育所での実習課題の実例を見てみましょう。

> 今回は2回目の実習に際して、前回の実習での課題や反省を生かして実習に臨みたいと思います。前回の実習では、園の一日の流れをつかみ、子どもたちの発達過程、保育者の役割や子どもへの言葉かけの仕方などについて学ぶことができました。今回の実習では、その学びを生かし、また反省を踏まえた上で次の3つの課題をもって実習に取り組みたいと思います。
>
> まず1つ目は、保育環境についてです。前回の実習では、子どもたちが安全に生活することができる、また子どもたちが自発的に遊ぶことができるためには、環境構成がとても重要であることを学びました。今回の実習では、保育者がどのように環境を構成しているのか、計画的に環境を構成することや細かい配慮について学びたいと考えています。
>
> 2つ目には、保育所が行う保護者への支援、地域の子育て支援についてです。保育所は子どもの支援を行うだけではなく、保護者への支援も行うことを前回の実習と学校の授業を通して学びました。保育者がどのように保護者への支援を行っているのか、保育者の言葉かけなどに着目しながら具体的に学びたいと思っています。また、○○保育園が地域に向けて行っている子育て支援についても学びたいと考えています。
>
> 3つ目には、責任（部分・一日）実習での実践についてです。前回、部分実習をさせていただいたときに、とても緊張していて子どもたちの動きを十分に予測し、対応することができませんでした。今回の責任（部分・一日）実習では、計画を立案する段階で、子どもたちの様子をよく観察し、子どもたちが楽しめるような内容を考えたいと思います。また子どもたちのそのときの様子や状況に応じた対応ができるようにしっかりと準備し、実践したいと思います。

2回目以降の実習での実習課題を立てるときは、まず前回の実習でどのような反省や課題があったのか、またはどのようなことを前回の実習で学ぶことができたのかということを書きましょう。その上で、前回学ぶことができなかったことや、これまでの養成校での学びの中で興味・関心のあることをあげていきましょう。この実例でも、学ぶことができた事項をあげた上で、具体的な学びを深めたいポイントをあげています。

### 2回目以降の実習（参加・責任（部分・一日）実習）の実習課題の実例（幼稚園）

次に2回目以降の幼稚園実習での実習課題の実例を見てみましょう。

　前回の実習では、初めての実習ということもあり、緊張してなかなか積極的に子どもたちにかかわることができませんでした。今回は日々課題をもち、前回の実習の反省を生かし、以下の3点についてとくに学んでいきたいと考えています。
① 子どもたちとより深くかかわり、一人一人の発達について理解する
　今回の実習では、できる限り多くの子どもたちとじっくりかかわり、子どもたち一人一人の心身の発達を理解していきたいと考えています。前回の実習では子どもたちとあまりかかわることができなかったので、その反省を生かし、自分から子どもたちにかかわっていきたいと思っています。
② 保育者の行動の意図について理解を深める
　①の課題であげた子どもの発達を理解し、さらに保育者の保育に対する意図について理解を深めたいと思います。保育者の行動にどのような意図があって、どのような活動を行っているのかについてより深く学びたいと思います。また、それに対する子どもの反応も併せて見ていきたいと思っています。
③ ①や②で学んだことを生かした一日実習の計画を立案し実践する
　上記であげた①、②の課題で学んだことを生かし、子どもの姿などさまざまなことを予測して計画の立案をしたいと考えています。また、計画に基づき十分に保育の準備をした上で一日実習を行いたいと思います。途中で失敗したり、計画したことから外れてしまうことがあっても、慌てずに適切な対応ができるように心がけて臨みたいと思います。
④ 幼稚園教諭の職務について学ぶ
　幼稚園教諭の職務には保育を行うことだけではなく、翌日の活動の準備や行事があれば行事への準備など、子どもとかかわる保育以外のさまざまな職務があります。今回の実習では、保育者と子どものかかわりだけではなく、保育以外の職務にも目を向け、観察し、学んでいきたいと思います。

　この実例も前回の実習での反省を生かした課題を立てています。前回できなかったことをあげて、今回とくに学びたいことをあげています。また、課題の中で学んだことを実際の実践で行うことまでを課題として組み込んでいます。このように、実習の中で学んだことを実際に一日実習をする中で、実践できるように課題として組み込むことも可能です。日々の学びを次の日の実践へとつなげていくことができます。

## Let's try　実習課題を立ててみよう
**実習課題を書くために、すぐに文章を書き出すのではなく、次のことをやってみてから文章を書いてみましょう。**

STEP① 今回の実習の内容や段階をよく理解した上で、実際に自分が実習で学んでみたいことを箇条書きで書き出してみよう。
STEP② STEP①で書き出された項目について、その項目で自分が学んでみたいことをより具体的に書き出してみよう。
STEP③ STEP②で具体的に書き出された事柄を、整理して文章にしてみましょう（オリエンテーションがおわってから、その内容を取り入れ実習課題を変更しても構いません）。

# 10 実習園での オリエンテーション

## オリエンテーションについて学ぼう

### ● オリエンテーションとは

　オリエンテーションは、実習を行う前に実習生が実習園に訪問し、あいさつを行うとともに、**実習に備えて準備しておく必要があることについて確認**することができる機会となっています。

　また、オリエンテーションは、実習生としてこれから始まる実習での心構えをつくる上で重要な意味をもちます。**実習園の雰囲気や地域の様子、子どもや保育者の様子などを知る大切な機会**です。オリエンテーションは、実習生自身の自己紹介の場でもありますが、「どのような実習生が実習にくるのか」「どのような意欲をもって実習に臨みたいのか」など実習園にとっても受け入れ準備にもつながります。オリエンテーションの依頼の電話をかけるタイミング、電話のかけ方、訪問時など、気をつけたいことがたくさんあります。オリエンテーションは実習の第1日目ととらえて臨みましょう。

　またオリエンテーション前には事前に実習園までの通勤にどのくらい時間がかかるのか、道のりや交通手段についてもしっかり確認しておきましょう。

### ● 実習園への連絡（電話のかけ方）

　実習開始の約1か月前に実習園に電話をかけ、オリエンテーションの日時を決めます。具体的には養成校の指示をあおぎます。実習直前では、実習に向けての準備が間に合わなくなってしまうので、余裕をもって電話をかけましょう。実習園の保育者は、保育を行っている中で実習を受け、オリエンテーションを行ってくださいます。実習直前になってオリエンテーションの依頼の電話を入れ、予定を組み込んでいただくのは保育に影響が出てしまうので、控えましょう。

┌─ 電話をかける際の注意点 ─┐

●携帯電話でかける場合には、静かな場所でかけましょう。
●実習園の都合を考え、電話をする時間帯に留意しましょう。目安としては、幼稚園は午後の15時以降、保育所や認定こども園では午前中は10時から11時、午後は13時から14時30分ころがよいでしょう。
●複数の学生が同じ実習園で実習する場合は、代表者1名が電話をかけましょう。

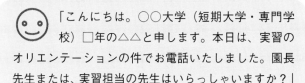

**実践例** オリエンテーションでの電話のかけ方

😊「こんにちは。○○大学（短期大学・専門学校）□年の△△と申します。本日は、実習のオリエンテーションの件でお電話いたしました。園長先生または、実習担当の先生はいらっしゃいますか？」

園長先生または実習担当の保育者の方に電話を代わっていただいたら……

😊「こんにちは。○○大学（短期大学・専門学校）□年の△△と申します。この度は実習を受け入れていただきありがとうございます。○月○日から始まる実習のオリエンテーションをお願いしたいのですが、いつそちらにおうかがいしたらよろしいでしょうか？」

ここで注意しなければいけないことは、複数でうかがう場合、あらかじめメンバー間で空いている日時を確認しておきましょう。

日時が決まったら……

😊「○月○日○時でよろしいですか？」
「ありがとうございます。それでは、○月○日○時におうかがいしたいと思います。本日は、お忙しいところありがとうございました。どうぞよろしくお願いいたします。失礼いたします」

相手が電話を切ってから、こちらも電話を切りましょう。

**こんなときは!?**

**実習担当の保育者が不在だった！**
　実習担当の保育者の方が不在だった場合は、そのまま電話を切るのではなく、いらっしゃる日時を確認し、あらためて電話をさせていただくことをきちんと伝えましょう。

**こんなときは!?**

**試験などと日程が重なった！**
　指定いただいた日時が試験などと重なり、変更をお願いしなければならない場合は、「申し訳ありません。その日は試験があるため、うかがうことができません。ほかの日程でご都合のよろしい日時はございますか？」とていねいにうかがいましょう。

**こんなときは!?**

**当日、電車が遅れてしまった！**
　万が一、当日交通機関の影響で遅れてしまう場合や、どうしても家庭の事情によりうかがうことができなくなってしまった場合は、約束の時間より前に実習園に電話を入れましょう。その際、遅刻の理由やうかがえない理由をきちんと伝えましょう。

---

**Let's try** オリエンテーションの電話の練習をしよう
**クラスメイトと「実習生役」、「オリエンテーションの担当者役」にわかれて、オリエンテーションの電話のやりとりの練習してみましょう。**

- - - - - - - - - - - - - - - - - - - - - - - - - - - - - - - - - - - - - - - - - - - - - -

CASE ① オリエンテーションの担当の保育者が出張で終日、不在だった場合
CASE ② オリエンテーションの日程が決まった後に、試験の日程が決まり、変更をお願いする場合
CASE ③ オリエンテーションの日程が合わず、なかなか日時が決まらない場合

# オリエンテーションの内容を確認しよう

## オリエンテーションで確認する内容

オリエンテーションで聞いてきた情報の量によって、実習の内容に違いが生じてきます。あらかじめ下記の内容を確認することにより、日々の実習や責任（部分・一日）実習の指導案を立てる際に非常に役立ちます。一日の流れはもちろんですが、今の保育の状況、子どもたちの様子など、下記を参考にそのほかにも聞きたいことがあれば、事前にメモをしてオリエンテーションで質問しましょう。

> ① 実習園の保育方針・特色
>   園の概要（沿革など）、保育方針・理念、保育内容、保育環境、園児数、職員数（どのような職員がいるのか）、クラス編成、園の年間計画、指導計画（いただける場合はよく読んでおきましょう）など
> ② 毎日の保育の様子
>   子どもの園生活での様子や活動の様子（よくうたっている歌や流行っている遊びなど）
> ③ 実習生の保育へのかかわり方
>   クラス配属、実習の予定（責任（部分・一日）実習など）、園行事や保育の予定、その他諸注意
> ④ 実習中の注意事項
>   出勤時刻、退勤時刻、通勤時間、通勤時・保育中の服装、持ち物、給食費など

## オリエンテーションに行く際の注意

オリエンテーションにうかがう際には以下のことに気をつけましょう。

・当日はスーツを着用し、アクセサリー（ピアスやネックレス、指輪等）は外しましょう。実習生らしい髪型と髪の色、お化粧をする場合はナチュラルメイクにしましょう。
・実習園に行くまでの公共の交通手段、道順、時間をかならず確認しておきましょう。余裕をもって到着できるように事前に調べておくことが大切です。先にも述べましたが、万が一、交通手段の遅延等で遅れる場合はかならず連絡をしましょう。
・園にいらっしゃるすべての方にお会いしたらあいさつをしましょう。
・園付近での携帯電話の使用や食べ歩きなどのマナーに気をつけましょう。

## オリエンテーションの持ち物

オリエンテーション時の持ち物も事前にきちんと確認しておきましょう。
・筆記用具（ペンとメモ帳）
・実習日誌　　・上履き（きれいなもの）
・そのほか、実習園から指定されたもの

**実践例** オリエンテーションでの服装

**ココが POINT ☞**
髪の毛は短くしましょう。

**ココが POINT ☞**
カラーコンタクトは使用しない。

**ココが POINT ☞**
髪の毛が長く、一つにまとめられる場合は、後ろで一つにまとめましょう。

**ココが POINT ☞**
ネクタイを着用しましょう。

**ココが POINT ☞**
シャツやブラウスはできれば白が望ましいです。

**ココが POINT ☞**
アクセサリーは外しましょう。

**ココが POINT ☞**
爪は短く切りましょう。

**ココが POINT ☞**
マニキュアは落としましょう。

**ココが POINT ☞**
ズボンは引きずらない長さではきましょう。

**ココが POINT ☞**
スーツは黒、紺、グレーが望ましいです。パンツスタイルも可。

**ココが POINT ☞**
ストッキングを着用しましょう。

**ココが POINT ☞**
革靴を履きましょう。

**ココが POINT ☞**
ヒールが高くない靴にしましょう。

**髪型や服装には気をつけよう！**

・保育者は清潔感が大切です。男性は髪の毛を短くし、女性は髪の毛が結べる場合は後ろで一つに結んでおきましょう。
・髪の毛の色は染めずにナチュラルな色（地毛）にしましょう。
・服装はスーツで、だらしなく着ないようにしましょう。男性はネクタイを着用しましょう。

**女性はお化粧にも気をつけよう！**

・保育に濃いお化粧は必要ありません。ナチュラルなお化粧を心がけましょう。
・ファンデーションは薄く、眉毛が薄い場合は描きましょう。
・まつ毛のエクステ、つけまつ毛、太いアイライナーやアイシャドウなども控えましょう。

**マナーには気をつけよう！**

・言葉づかいや態度は日ごろの癖が出てしまいがちです。普段から気をつけておきましょう。
・ハキハキとした声であいさつをし、笑顔を心がけましょう。
・携帯電話で資料を写真に撮ったりしないようにしましょう。かならずメモを取る習慣をつけておきましょう。

オリエンテーションでのポイント

Part 1 実習 前

35

# 各年齢・クラスにおける発達や遊び・かかわり方

## 実習をおえた実習生のコメントから学ぼう

> 1歳児クラスに入っていたとき、実習担当の保育者から子どものけんかを「すぐ止めて」と助言を受けました。しかし5歳児を担当したら今度は、「すぐ止めないで」と言われました。それぞれ言うことが違うので矛盾しているように感じました。

　この実習生は、発達のポイントをおさえていないまま実習に臨んでしまったわかりやすい例です。各年齢における社会性の発達などを理解しておけば、それぞれのけんかへのかかわり方も違ってくることに気づくはずです。このことから実習生は、事前に子どもの発達の大きな流れを理解しておく必要があるでしょう。

　一方で、発達の特徴にとらわれ過ぎずに、子ども理解を深めようとする努力の中で、よりよい保育の働きかけを見出していくことが重要です。子どもの発達を理解する上で重要なことは、**子どもの変化の底にある心理的な面を見極め、その変化が長期的に見て、どのように変化していくか見通す力を身につけること**です。ここでは、子どもたちを理解する視点を整理していきましょう。

## 各年齢の特徴を確認しよう

### ● 0～1歳児

　月齢によって心身の発達や育ちが大きく異なります。実習生は、**基本的な生活と情緒の安定を中心としたデイリープログラムを基本**としましょう。0歳児は、特定の保育者とのかかわりの中で、深い信頼関係が築かれる時期のため、生理的欲求を満たしながら一人一人とゆったり接していきましょう。1歳児は、歩く、話す、つまむ、めくるなどのめざましい発達をする時期です。自分でやることを保障することで、満足感や達成感を感じるようにしましょう。まだ生活リズムに個人差があるので、一人一人の生活リズムを把握し、温かい雰囲気の中でかかわるようにしましょう。

### ● 2歳児

　基本的な運動機能や指先の機能が発達し、それに伴って「**自分で**」「**いや**」など自己主張する姿が強く出る年齢です。危険なこともやりたがりますが、危険な行為をすぐやめさせるのではなく、安全に配慮した環境構成を考えて、見守る保育を意識しましょう。自我の育ちから自己主張が強くなってくる時期ですが、実習生はやさしく対応するように心が

けましょう。また、ごっこ遊びや模倣遊びなどを好んでしますので一緒に遊びましょう。

### 3歳児

**想像力が豊かになり、つくったり、描いたり、試したりするようになります。友達とのかかわりが増えてくるので、**けんかなどのトラブルも多くなりますが、友達の気持ちに気づいたり、一緒に遊ぶことの楽しさを知ったりします。子どもたちは保育者との関係を基盤にして友達とかかわっていきます。このことに留意しながら実習生もともに人間関係が築けるように配慮しましょう。

### 4歳児

**言葉を通して伝達したり、自分の意思や考えを表現する力が身について、**共通のイメージで友達と遊べるようになります。絵本や紙芝居、言葉遊び（なぞなぞ、しりとりなど）など言葉への意欲が高められるような遊びを取り入れましょう。また、友達関係に変化が生じ、自己主張だけではなく友達の気持ちに気づき、がまんしたり自分自身で解決したりするようになります。実習生は、子どもの心の動きに寄り添い、ときには励ましたり、見守ったりして集団の中での保育が展開できるように配慮しましょう。

### 5〜6歳児

5歳児は基本的な生活習慣も身につき、集団遊びをいっそう楽しむようになります。**思考力や認識力も高まり、自分を取り巻く社会的環境にも興味が芽生えてきます。**6歳児になると**仲間を大切にしたり、見通しを立てる力が育ち、トラブルもお互いに許したり、認めたりし、自分たちで解決していきます。**年長児としての自覚があり、責任感や意欲も高まる5〜6歳児には、実習生は子どもの自主的な活動を大切にしつつ、**集団生活のルールや決まりを理解できるように、**生活全体を見通して援助できるようにしましょう。ときには保育者を心の拠り所として甘えることもあるため拠り所となるように温かく受け止めることも必要です。

「さまざまな年齢のクラスに（実習に）入っているので、子どもたちとどのようにかかわったらいいのかよくわからない……」と感じたときは、各年齢の発達を理解していないことが多くあります。「よし！　準備OK！」と計画して設定した活動や遊びが、子どもにとってむずかし過ぎたり、物足りなかったりするということが起きます。各クラスにはたとえば3歳児クラスであれば3歳から4歳、5歳児クラスであれば5歳から6歳の子どもたちが生活をしています。前述の各年齢の特徴とあわせてそれぞれのクラスで生活する子どもたちの発達を理解する必要があるのです。

次頁以下の表では、実習生が確認しやすいように0〜5歳児クラス別の発達のポイントを「運動機能の発達」「言葉の発達」「人間関係の発達」「遊びの特徴」「実習生のかかわりの留意点」の5つの側面からとらえ掲載しています。横に並ぶ5つの側面における特徴は、ほぼ同じ時期での各クラスの発達の特徴となり、各クラス前半後半にわけて記述してあります。なお、前述の通り各クラスには異なる年齢の子どもが生活していること、子どもの発達には個人差があることを十分に考慮した上で理解を深めていきましょう。

# 0〜1歳児クラス

| | 運動機能の発達 | 言葉の発達 | 人間関係の発達 |
|---|---|---|---|
| 0歳前半 | ・首がすわり、手足の動きが盛んになる。<br><br>・寝返りをする、腹ばいになるなど、全身の動きが活発になる。 | ・喃語とともに、泣く、笑うなどの表情の変化や体の動きなどで、自分の欲求を表現する。<br><br>・発声活動を楽しむかのように、声を出す。 | ・応答的にかかわる特定の大人との間に情緒的な絆が形成される。<br><br>・人に興味を示してじっと見たり、追視する。 |
| 0歳後半 | ・座る、はう、伝い歩き、一人歩行を喜ぶようになる。<br><br>・腕や手先を意図的に動かせるようになる。 | ・自分の意思や要求を喃語や身振りなどで伝えようとする。<br><br>・大人から自分に向けられた気持ちや簡単な言葉がわかるようになる。<br><br>・大人の言葉をまねる。 | ・特定の大人との応答的なかかわりにより、情緒的な絆が深まり、あやしてもらうと喜ぶなどやりとりが盛んになる。<br><br>・人見知りをするようになる。 |
| 1歳前半 | ・一人歩行が活発になり行動範囲が広がり、興味ある方向へどこまでも歩くことを楽しむ。<br><br>・小走りのように早く歩くことを喜ぶ。<br><br>・運動機能の種類が増してくる。 | ・大人の言うことがわかるようになり、自分の意思や要求を、親しい大人に伝えたいという欲求が出てくる。<br>・指さし、身振り、片言などを盛んに使って自分の思いを伝えようとする。<br>・一語文を話し始める。 | ・親しい大人に自分の意思などを伝えたい欲求が高まってくる。<br>・身近な人や身のまわりの物に自発的に働きかけようとする。<br>・他児と物のやりとりをしたり、取り合ったりするなどのかかわりが増えてくる。 |
| 1歳後半 | ・一人歩行が安定して、バランスを崩して転ぶことが少なくなる。<br><br>・押す、投げる、つまむ、めくるなど、手先や指先を使った動きが少しずつできるようになる。 | ・語彙が徐々に増えてくる。<br><br>・二語文を話し始める。<br><br>・親しい大人が話しかけると「いや」などという拒否を表す言葉を盛んに使うようになる。 | ・親しい大人に自分の意思などを伝えたい欲求が高まり、自己主張が始まる。<br><br>・所有する感覚が芽生えるために、玩具や場所の取り合いなどのいざこざが頻繁になり、かみつきや引っかきなどのケガにつながることもある。 |
| 2歳前半 | ・手すりなどにつかまって、両足をそろえながら階段を上り下りする。<br><br>・ボールを投げたり、蹴ったりすることができるようになる。<br>・指先を使った遊びを喜ぶようになる。 | ・発音が明瞭になってくる。<br>・歌や絵本の一部分をうたったり、唱えるようになる。<br>・自分の意思や要求を自分の知っている言葉を使って話そうとする。<br>・「○○ちゃんの！」と所有意識をもった言葉を使うようになる。 | ・特定の大人を安全基地にして、「自分で」と自己主張をするようになる一方で、「やって」と甘えることもある。<br><br>・友達がしていることに興味をもってまねたりする。 |

| 遊びの特徴 | 実習生のかかわりの留意点 |
|---|---|
| ・名前を呼ぶなどの言葉をかけると手足をバタバタ動かしてうれしそうにする。<br>・皮膚感覚への心地よい刺激のある遊びを喜ぶ。<br>・視覚・聴覚などの発達が著しいため、動きのある玩具・色彩の明るい玩具・音の出る玩具などで遊ぶことを喜ぶ。 | ・オムツ交換や着替えなどは、保育者に方法を確認して、けがなどに十分に注意をして援助するようにする。<br>・やさしく顔を見て微笑みかけたり、名前を呼ぶなどの言葉かけをする。<br>・保育者に子どもの発達状況を確認して、子どもの表情を見ながら、機嫌よく遊べるようにかかわる。<br>・子どもの動きから危険を予測して、安全に十分に配慮してかかわるようにする。 |
| ・身体の発達に伴い、動きが活発になり、自分の体位を変えたり、自由に行きたい場所へ移動することを喜ぶ。<br>・身近な物に興味を示して、何でも玩具にして遊んだり、口に入れて確かめることをするとともに探索活動が盛んになる。<br>・ふれあい遊びを喜ぶ。 | ・子どもが興味を示していることに「〜だね」など言葉を添えて共感しながらかかわる。<br>・子どもがしたい遊びを一緒に楽しむ。<br>・人見知りしてしまうときには、無理してかかわらず、適度な距離をとって見守る。 |
| ・探索活動などの行動範囲がさらに広がり、移動するスピードも速くなる。<br>・一人遊びを楽しんだり、「どうぞ」「ちょうだい」等の簡単なやりとりをすることを喜ぶ。<br>・絵本を見たり、読んでもらうことを喜ぶ。 | ・子どもの動きから危険を予測して、安全に十分に配慮してかかわるようにする。<br>・子どもが一人でじっくり遊ぶときはそっと見守り、子どもと一緒に遊ぶときには、簡単なやりとりも楽しめるようにする。<br>・子どもが「読んで」など、大人にしてほしいことをリクエストしてきたときには、可能な限り応じていく。 |
| ・手遊びや音楽遊び、なぐり描きを喜ぶようになる。<br>・手先を使った遊びを保育者や子どもと一緒に遊ぶ中で、玩具や場所の取り合いなどが増える。<br>・玩具等を実物に見立てる等の象徴機能が発達して、模倣したり、見立て遊びを喜ぶ。 | ・同じ遊びをしている子どもたちの仲立ち役になって、子ども同士が楽しくかかわる機会を大切にしていく。<br>・子どもが思いのままに楽しむことを大切にしていき、その姿を認めていく。<br>・気持ちのぶつかり合いやいざこざが起きたときは、それぞれの子どもの気持ちを受け止めながら、ていねいに仲立ちしていく。 |
| ・全身を動かして遊ぶことを積極的に楽しむ。<br>・道具を使って遊んだり、見立て遊びやつもり遊びが盛んになってくる。<br>・友達がしている遊びを同じようにまねて遊ぶことを喜ぶ。<br>・簡単なくり返しのあるお話を喜ぶ。<br>・手遊びや音楽遊びをする保育者の動きをまねて遊ぶことを喜ぶ。 | ・子どもと一緒に体を動かしたり、遊んだりしながら、子どもがしている遊びを十分に満足できるようにしていく。<br>・「もうすぐ〜だから片づけようね」など、生活に見通しをもった言葉かけを行う。<br>・子どもが話そうとしていることをていねいに聞いて相づちを打ったり応答していく。<br>・同じ遊びをしている子ども同士がかかわって遊べるように仲立ちしていく。 |

| 運動機能の発達 | 言葉の発達 | 人間関係の発達 |
|---|---|---|
| ・平らな場所では、ほとんど転ぶことなく走ることができる。<br><br>・両足跳びができるようになり、段差を飛び降りることも喜ぶ。<br><br>・手すりなどにつかまらずに、交互に足を出しながら、階段を上り下りをする。<br><br>・指先を使った細かな遊びを楽しめるようになる。 | ・発声はより明瞭になり、語彙が著しく増える。<br><br>・言葉による禁止や指示がわかる。<br><br>・日常生活で使う言葉がわかり、自分の意思や要求を言葉で表出できるようになる。<br><br>・「バイバイ」「いただきます」などの簡単なあいさつを言葉を使ってするようになる。<br><br>・歌をうたうことを喜ぶ。 | ・友達に関心が出てきて、身のまわりの友達の名前が言えるようになる。<br><br>・自分の思いと友達の思いとがぶつかり合い、けんかになることが増える。<br><br>・強く自己主張をするようになり、「自分で」とこだわりをもったり、うまくできずにかんしゃくを起こすこともある。 |
| ・グー・チョキ・パーのじゃんけんの模倣ができるようになる。<br><br>・身体運動コントロールが上手になってくる。<br><br>・基本的な運動機能が整うことで食事や衣服の着脱を自分でしようとしたり、排泄の自立のための身体機能も整ってくる。<br><br>・イメージをもって自分の体を動かすようになるが、体の動きを止めてじっと止まる動作はむずかしい。 | ・「あのね……」と話しかけて、自分が伝えたいことを文章で話そうとする。<br>・自分でつくったもの、気に入ったものを「見て、見て」と見せたがる。<br>・文章で話すようになるが発音がまだ未熟な部分がある。<br><br>・「なに？」「なんで？」と何度も質問し始めてくる。<br><br>・仲良しの友達やあこがれの兄・姉が使っている言葉や汚い言葉をまねて使い出す。<br><br>・その日の園での出来事を家の人に話す。 | ・友達や大人のすることをまねることを喜ぶ。<br><br>・数人の友達とかかわり、一緒に過ごすことを楽しく感じたり、同じことをして遊びたがる。<br><br>・大人の手伝いをすることを喜ぶ。<br><br>・自分よりも大きいお兄さんやお姉さんにあこがれの気持ちをもつようになる。<br><br>・遊びながらたくさんのおしゃべりをするようになる。<br><br>・大人に頼まれた簡単な用事ができるようになる。 |

２歳児クラス　前半

２歳児クラス　後半

| 遊びの特徴 | 実習生のかかわりの留意点 |
|---|---|
| ・全身を使って活発に動いて遊ぶことを喜び楽しむが、夢中になって危険な行動をすることが増える。<br>・絵本や紙芝居などを通して、イメージの世界を楽しむようになる。<br>・追いかけごっこが大好きになる。 | ・子どもと一緒に動いて遊び、十分に楽しめるようにしていく。<br><br>・危険なときには、「〜だから危ないよ」と理由を添えながら、きちんと危険であることを伝えていく。 |
| ・遊びの中で、激しい自己主張をしたり、こだわりをもっている。<br><br>・象徴機能の発達により、見立て遊びやつもり遊びから大人と一緒に簡単なごっこ遊びを楽しむようになる。<br><br>・ボタンはめやひも通し、粘土遊びなど手先を使う遊びをしたがる。 | ・子ども同士のぶつかり合いは、ある程度見守ったり、互いの気持ちを代弁してわかり合えるようにしていく。<br>・自己主張を受け止め、人や物へのこだわりも認めていきながら、根気よく知らせたり、距離を置いて見守るなどしていく。<br>・ごっこ遊びは、友達同士でイメージを共有できるような身近な道具や玩具を使用するなどして、一緒に楽しんでいく。 |
| ・クレヨンなどでグルグルと円を描くことから円が閉じた丸になり、命名するようになる。<br>・簡単なゲーム遊びをすることを喜ぶ。<br>・三輪車を上手にこいで、運転できる。<br>・覚えている話の絵本を開いて、話を読んでいるかのように声に出して楽しむ。 | ・「元気な線だね」など、子どもが開放的に楽しめるような言葉かけをしていく。<br>・命名するイメージを共有していく。<br>・子どもの話していることをていねいに聞き、相づちを打ったりしながら応答していく。<br>・手伝いをしようとする子どもの気持ちを受け止め「とっても助かるわ」など感謝の気持ちを伝えていく。 |
| ・友達と一緒にかかわり遊んでいるものの、まだ並行遊びが多い。<br><br>・自分の思いを通したい気持ちから、激しく泣いたり、かんしゃくを起こしたり、友達同士でぶつかり合う場面が見られる。<br><br>・手遊びや音楽遊びは、リズミカルなものを好み、模倣することを楽しむ。<br><br>・音楽やリズムに合わせて、動物などをイメージして体を動かすことを喜ぶ。 | ・並行遊びを楽しむ中で、友達同士が互いに興味をもち、かかわって遊ぶことを経験できるように、一緒に遊びながら仲立ちなどをしていくようにする。<br><br>・質問してくるときにはていねいに聞いて、ごまかさずに子どもにわかりやすく応えたり、一緒に考えてみるなどしていく。<br><br>・子どもが興味をもち模倣しやすい遊び、理解しやすい遊びを選んで、一緒に楽しんでいく。 |

# ３歳児クラス

| | 運動機能の発達 | 言葉の発達 | 人間関係の発達 |
|---|---|---|---|
| **３歳児クラス 前半** | ・手や足を左右別々に動かす「〜しながら……する活動」への挑戦が始まる。<br><br>・歩く、走る、跳ぶ、押す、引っ張る、投げる、転がる、またぐ、ぶらさがるなどの基本的な動作などが一通りできるようになる。<br><br><br>・さまざまな動作や運動を十分に経験することで体の動きをコントロールしたり、自らの身体感覚を高める。 | ・語彙数が1,000〜1,500語になる。<br><br>・話し言葉の基礎ができて、盛んに質問するなど知的興味や関心が高まる。<br><br>・「おはよう」「ありがとう」などの人とかかわるあいさつの言葉を使うようになる。<br><br><br>・自分の経験を言葉で伝えることができるようになる。 | ・遊具などを媒介にして友達とのかかわりもできてきて、一人遊びから徐々に友達と一緒に遊ぶようになってくる。<br><br>・友達と同じ体験をすることにより、共通の話題で遊びを楽しむ。<br><br><br>・行動範囲が広がり、好奇心も強くなって「なんだろう」「やってみよう」と物への関心が深まり、じっくりかかわるようになる。<br>・遊具や素材の使い方がわかり始め、表現することを楽しむ。<br>・好きな友達との間で貸し借りや順番・交代ができるようになってくる。 |
| **３歳児クラス 後半** | ・片足跳び、三輪車や自転車をこぐ、といった「〜しながら……する」ことができ始める。<br><br><br>・はさみで簡単な形を切り抜くことに挑戦し始め、左手で紙を動かしながら右手ではさみを操作することができ始める。 | ・言葉の獲得を通し、知的興味や関心が高まり、「なぜ」「どうして」といった質問を盛んにする。<br><br><br>・「おなかがすいたら、どうする?」「寒いとどうする?」といった質問を一般化してとらえ、答えることができ始める。<br><br>・言葉によるコミュニケーションが可能になり、３歳児後半には1,500語ほど使えるようになる。 | ・遊具の取り合いからけんかになるが、徐々に友達とわけ合ったり、順番に使おうとする思いが出てくる。<br><br>・共通したイメージをもって遊びを楽しむ。<br><br><br>・遊びをリードする子どもを中心に仲間が集まり、遊びがふくらんでいく中で、子ども同士で言葉のやりとりを楽しむ姿が見られるようになる。<br>・自分の身のまわりの細やかな変化にも気づくようになり、興味も広がって、保育者や友達と一緒に確かめたりすることに関心をもつ。 |

| 遊びの特徴 | 実習生のかかわりの留意点 | |
|---|---|---|
| ・自分から遊び出す子どもやみんなの遊びを静観している子ども、顔見知りの友達と一緒に遊べる子どもなどさまざまになる。<br>・みんなと同じ場所、同じ遊具を使うことで安心して遊べる反面、物の取り合いなどのトラブルも多い。<br>・保育者や友達と遊べることを喜び、これまでに遊んだ遊具で安定して遊ぶ。 | ・「自分でやりたい」気持ちと「やってもらいたい」気持ちが同時に存在するため、気持ちが安定するようなかかわりをする。<br>・室内遊び、戸外遊びもともに豊かになるよう、遊具や道具、材料を準備する。<br>・初めての集団生活で戸惑っている子どもの生活を十分に受け止め、一人一人に合わせた援助をする。 |  |
| ・友達と同じ体験をすることにより、共通の話題で遊びを楽しんでいる。<br><br>・周囲への関心や注意力、観察力が伸び、気づいたことを言葉で言ったり、遊びに取り入れたりする。 | ・好きな遊びを子どもが見つけられるように、一緒に遊んだり、遊びに誘ったりする。<br>・トラブルが多いので、必要に応じて実習生がトラブルを調整していく。<br>・衣服の着脱、所持品の始末、排泄などは「教え込もう」とするのではなく、日常の中で無理なく身につけていけるようていねいに仕方を伝える。<br>・友達とのやりとりができるような具体的な言葉かけを心がける。 | |
| ・仲のよい子ども同士でごっこ遊びなどを楽しみ、役をもったり、共通のイメージをもって遊ぶ。<br><br>・イメージを広げながらごっこ遊びを楽しむが、その中で身のまわりの大人の行動や日常の経験を取り入れて再現する。<br>・自分ができないかもしれないことを不安に感じ、自信のなさから消極的な行動となったり、悩んだりする姿が見られる。<br>・友達とのつながりが深まる中で、自己主張をぶつけ合い、葛藤する場面が増える。<br>・簡単なストーリーがわかるようになり、絵本に登場する人物や動物と自分を同化して考えたり、想像をふくらませたりする。 | ・コミュニケーションの楽しさが味わえるよう、「本人の話を十分聞く」「実習生が話をする」「友達とのやりとりの仲立ちをする」などの配慮をする。<br>・自分のイメージをもって遊びを楽しめるようになってくるので、子どもの思ったこと、物を見立てたことを受け止め、じっくり取り組めるようにする。<br>・基本的生活習慣の自立へ向けて、言葉をかけていく。<br><br>・自分なりに考え、行動していけるよう言葉をかけながら援助する。<br><br>・言葉は聞いて覚えることを自覚して、実習生自身の言葉づかいに配慮する。 |  |

# 4歳児クラス

| | 運動機能の発達 | 言葉の発達 | 人間関係の発達 |
|---|---|---|---|
| 4歳児クラス 前半 | ・全身のバランスをとる能力が発達し、片足跳びをしたり、スキップをするなど、体の動きが巧みになる。<br><br>・活動的になり、全身を使いながら、さまざまな遊具や遊びに挑戦して遊ぶなど、運動量が増す。<br><br>・モデルがいなくても自ら両手の交互開閉ができ始める。 | ・語彙数は1,500〜2,000語となる。<br><br>・ひらがなに興味をもち、自分の名前を読むようになる。<br><br>・日常会話での会話がほぼできるようになる。<br><br>・乱暴な言葉や汚い言葉（「ばか」「ウンチ」「ババア」など）を好んで使い、周囲の反応を楽しむようになる。 | ・周囲の動きが気になって、遊びに集中できなかったり、顔見知りの友達が見えないと不安になったりする子どももいる。<br><br>・ちょっとしたきっかけで、友達に親しみを感じ、遊ぶようになる。<br><br>・競争心が芽生え、けんかが多くなる。<br><br>・気の合う友達と遊ぶことも多くなるが、気持ちを思うように表現できず、乱暴な行動になったりする。 |
| 4歳児クラス 後半 | ・雑巾がけ、登り棒、走りながらボールを蹴るなど、さまざまな「〜しながら……する」活動が可能になる。<br><br>・平衡感覚が高まり、片足立ちが5〜10秒程度でき始める。<br><br>・手先が器用になり、指先を思い通りに動かせるようになってくるため、箸での食事が可能になる。<br><br>・描線を見ながら鉛筆を動かす方向を制御したり、モデルを見ながら鉛筆を動かすことができるようになる。 | ・絵本や視覚教材を見たり聞いたりして、イメージを広げる。<br><br>・なぞなぞやしりとりに興味を抱き、遊びに取り入れようとする。<br><br>・その日の出来事、さらに過去の出来事について、接続詞を用いながら複文で話す。<br><br>・言葉で自分の行動の調整機能をもち始める。 | ・仲のよい特定の友達と遊ぶことが多くなるとともに、まわりの子どもの育ちで、これまでの関係が変化する。<br><br>・感情が豊かになり、身近な人の気持ちを察し、少しずつ自分の気持ちを抑えたり、がまんをするようになってくる。<br><br>・同じ空間で、複数の子どもたちが、お互いにやりとりしながら、おおむね同じ遊びをするようになる。<br>・ごっこ遊びの世界をさらに楽しめるようになる。<br>・時間をかけて自分の思いを伝えようとするが、自己主張ばかりではなく、相手の意見を受け入れてお互い歩み寄ろうとする。 |

44

| 遊びの特徴 | 実習生のかかわりの留意点 |
|---|---|
| ・気に入った遊具や場所を見つけて、活動を始める。<br>・進級児は、仲のよい友達と簡単なごっこ遊びをする。<br>・4歳児クラスから入園した子どもは、戸惑いを見せる子どもがいる。<br>・「〜したい」という気持ちが高まり、自分からやろうとする。<br>・友達と同じものをもち、好きな役になって遊ぶ。 | ・さまざまな遊びや自己表現ができるように、活動内容や材料を準備する。<br>・戸外遊びにも関心が向くような言葉かけをする。<br>・実習生もともに遊びを楽しむことで気持ちをほぐすようにする。<br> |
| ・ルールのある遊びをする子どももいる。<br>・自分の経験や見てきたことなどを遊びに取り入れようとする。<br>・行動範囲が広がり、遊びへの取り組みも意欲的になり、自分なりの目的をもつようになる。<br>・「僕もボール使いたいけど○○君に貸してあげる」といった「〜だけれども……する」という自制心が形成される。 | ・一人一人のよさを認め、自信がもてるようなかかわりをする。<br>・文字に興味を示し始めるため、文字に親しめる環境を構成する。<br>・一人一人の話を聞き、気持ちを受け止めたり、互いの気持ちを伝えたりする代弁者となる。<br>・少しの工夫で遊びがおもしろくなることを一人一人の子どもが実感できるようにする。<br>・大人の話す内容を言葉で理解し始めるが、十分に理解できなかったり、聞き取れなかったりするため、活動は小集団から始める。 |
| ・集団で遊ぶ楽しさを味わい、一つの遊びが長く続くようになる。<br>・自由な発想から遊びに広がりが生まれる。<br>・自分たちで遊びを考えられるようになり、意欲的に取り組む。<br>・絵本や童話などを読み聞かせてもらい、遊びの中で表現しようとする。<br>・自分なりに本物に近いものをつくろうとする。<br>・少しずつルール性の高い集団遊び（フルーツバスケットやハンカチ落としなど）に関心をもつようになる。<br><br>・友達や年長児に刺激されて、自分もやってみようとする。 | ・友達のよさを自然に認め合えるような雰囲気づくりを心がける。<br>・葛藤を体験する中で、相手の気持ちを理解し受容していけるよう、積極的にお互いの気持ちや行動の理由などを話していく。<br>・排泄や食事、衣服の着脱などを子ども自身で判断して行動するような言葉かけをする。<br>・自分なりにがんばろうとする気持ちを大切に、その子どもなりの成長・発達を認めていく。<br><br>・自己評価を高め自尊感情がもてるよう、言葉をかけたり、友達の前でほめたり認めたりする。 |

# 5歳児クラス

| | 運動機能の発達 | 言葉の発達 | 人間関係の発達 |
|---|---|---|---|
| **5歳児クラス　前半** | ・自転車や竹馬などに乗り、平地で両手や両足を交互に前進させるための体の制御ができ始める。<br><br>・大人が行う動きのほとんどができるようになる。<br><br>・垂直方向の体の制御が必要な登り棒を援助されながら上まで登ったり降りたりすることができるようになる。<br><br>・描画では、縦と横、斜めがわかり、三角形が描けるようになる。 | ・語彙数は2,000語以上使用する。<br>・言葉を使って共通のイメージをもちながら遊んだり、目的に向かって集団で行動することが増える。<br>・話しかけや問いかけに対して適切に応答する。<br><br>・道順や自分の経験について「あのね……」と文脈をつくって相手にわかるように説明するようになる。<br><br>・身近な事物や事象などについて話したり、名前や日常生活における必要な言葉を使う。 | ・前年度からの親しい友達と誘い合ったり、遊び慣れた遊具や新しい遊具を使って遊んだりしているが、遊びの深まりはあまり見られない。<br>・遊びに必要な物を自分で用意したり、自分なりに考えてつくっていこうとしたりする。<br><br>・自分や友達を多面的にとらえることができるようになり、結果に対して「できた─できない」の評価から、できた中で「できなかったこと」をとらえるようになる。 |
| **5歳児クラス　後半** | ・なわとびやボール遊びなど、体全体を協応させた複雑な運動をする。<br><br>・小さなものをつまむ、ひもを結ぶ、雑巾をしぼるなどの動作ができるようになる。<br><br>・腰を中心に頭・胴体・手足を屈伸させてバランスをとり、足の指先に力を入れて重心を制御することができる。<br><br>・鉄棒で、逆上がりや前回りなどの回転に挑戦し始める。 | ・童話や詩などを聞いたり、自ら表現したりして、言葉のおもしろさや美しさに興味をもつようになる。<br><br>・絵本や童話などに親しみ、そのおもしろさがわかって、想像して楽しむようになる。<br><br>・靴箱やロッカー、名札などに書かれた名前をきっかけに、文字がわかると便利だと体験的にわかるようになる。 | ・各自が自分の考えを言動で表現するようになり、意見のぶつかり合いが増え、スムーズに遊びが進まないことがある。<br>・異年齢児とのかかわりを深め、思いやりやいたわりの気持ちをもつようになる。<br>・地域のお年寄りなど身近な人に感謝の気持ちをもつようになる。<br><br>・教えてあげた友達の「できた」という経験が、自分自身の喜びの経験となり、自己信頼感を培うようになる。<br><br>・外国の人など自分とは異なる文化をもったさまざまな人に関心をもつようになる。 |

| 遊びの特徴 | 実習生のかかわりの留意点 |
|---|---|
| ・自分を出せる相手や同じイメージで遊べる相手を探すなど、友達関係に変化が見られ始める。<br>・友達の遊びに関心をもち、刺激を受けやすく、自分もすぐに挑戦してみようとする。<br>・気が合う友達との結びつきが強くなるが、思うようにかかわれない子どももいる。<br><br>・鬼ごっこやドッジボールなど運動的な遊びが盛んになり、その中でルールや勝敗への関心が高まっていく。<br>・友達同士の「よいところ」「得意なこと」がわかり、お互いを認め合うようになってくる。<br><br>・友達とのかかわりが深まる中で、遊びに見通しをもって取り組んでいる。その中で生じたトラブルに話し合いをもって解決しようとする。 | ・自分たちで使えるように、新しい場や遊具の使い方などは事前にていねいに伝えておく。<br><br>・自分なりの目標に向かって努力していることを認めたり、できたことを一緒に喜んだりして自信をもたせたりする。<br><br>・子どもたちのお互いのよさや遊びのおもしろさ、楽しさを知らせていく。<br><br>・文字への関心が高まるようにかかわる。<br><br>・集団の決まりを守ったり、危険を避けて行動する手立てなどを伝える。<br><br>・遊びの中で自分の思いや考えを出し合って、生じるトラブル場面を大切に受け止め、お互いの気持ちを考え合えるようにしていく。<br> |
| ・ごっこ遊びを発展させた集団遊びが活発に展開され、遊びの中で役割が生まれる。<br><br>・ごっこ遊びの中で手の込んだ流れとさまざまな役割を考え出し、遊びはより複雑なものとなっていく。こうした遊びを試行錯誤しながら満足のいくまで楽しもうとするようになる。<br><br>・なわとびやコマ回しなど、自分の目標に向かって挑戦しようとする。<br><br>・友達の考えを認めることができ、いろいろな考えを遊びの中に取り入れていこうとする。<br><br>・仲間の必要性を自覚し、仲間の中の一人としての自覚が生まれ、自分への自信と友達への親しみや信頼感を高めていく。 | ・遊びの中で共通のイメージや役割を意識できるように、遊びに見通しをもたせたり、必要に応じて子どもたちと相談したりしながら遊ぶ。<br>・一人一人の考えや取り組みの姿を、仲間の中で認め合えるようにしていく。<br>・目的に向かって自信をもって取り組めるよう見守ったり、励ましたりする。<br>・活動や遊びで使用する物は、子どもと一緒に集めたり、準備したりする。<br>・グループ間でお互いに話し合ったり、考え合ったりする場や機会を取り入れる。<br><br>・絵本や童話などの内容を子どもが自らの経験と結びつけたり、想像をめぐらせたりしてイメージを豊かにできるよう、選定や読み方に配慮する。<br>・協力し合って遊びを進めている様子を見守り、必要以上に介入せず、必要に応じてかかわっていく。<br> |

# 気になる子どもについて

　幼稚園や保育所、認定こども園には、社会性やコミュニケーション能力などの発達の遅れなどが見られる配慮の必要な子どもたちも生活をしています。これらについては、障害児保育の講義などでくわしく学びますが、実習に行く前に基本的な知識をここで確認しておきましょう。

## LD（学習障害）

　知的な遅れはないのに、「聞く、話す、読む、書く、計算する、推論する」などの能力のうち、いずれかが著しく低く、学習に支障をきたす障害です。たとえば、文字や物の大きさを正しく認識できなかったり、読んだり書いたりすることが苦手であったりします。子どもによっては、正しく音を聞きわけて言葉としてまとめることが苦手なため、保育者の話を理解できないこともあります。学習障害という診断がなされるのは学習活動が本格化する就学以降が多いのですが、幼児期に手先の不器用さや全身運動の協調の悪さなどで気づくことがあるかもしれません。保育現場では、「LDか否か？」ということに固執せず、「園生活で困っていることはないか」を優先的に見ていくことが必要になります。

## AD/HD（注意欠陥/多動性障害）

　じっと座っていられず常に体（もしくは一部）を動かしている「多動性」、予測や考えをしないで言ったり、動いたりする「衝動性」、気が散りやすく活動や遊びに集中力がない、もしくはよく忘れ物をする「注意力の欠如」、などが主な特性です。
　AD/HDは、「多動・衝動」と「注意欠如」の2つの特性がある子どももいれば、どちらか一方の特性が顕著な子どももいます。AD/HDの子どもは、園生活でその特性から本人の意識に反して、友達に迷惑をかけたり、トラブルになることが多いです。先に述べた特性は幼児特有な姿ととらえることもできますが、気になる行動が著しく、かつ長期的で、園や家庭など複数の場面で同様な姿が確認されたら、そこであらためて疑いがあると考えましょう。

## 自閉症

　自閉症とは、①社会性の障害（視線を合わせない、集団行動が苦手など）、②コミュニケーションに関する障害（言葉の遅れ、会話の開始や継続のむずかしさなど）、③想像力の障害（新しい活動への不安が強い、同じことのくり返しにこだわるなど）という3つがすべて顕著な障害のことです。
　このような症状が起こる原因は、はっきりと明らかになっておりませんが、見たり、聞いたり、感じたりした情報を脳で処理・理解する機能に何らかの問題があると考えられています。

## アスペルガー症候群

　アスペルガー症候群とは、自閉症の一種であり、自閉症の延長上にあり、発達障害の一つです。その違いは言葉の発達に遅れがないという点が大きな特徴です。アスペルガー症候群には、言葉の遅れや知的な遅れがないため、見かけ上は社会生活に困難があるように見えません。したがって保育者は、見た目や理解力は他児と変わらない（もしくはそれ以上の場合もある）ため、「円滑な対人関係を築くのが困難で、他児とのコミュニケーションがうまくとれず、周囲から誤解をされることが多い」ということを意識してかかわる必要があります。一見「自分勝手」と映る言動も、実は本人の性格または生活や経験によるものではないことを理解しておきましょう。

　なお、自閉症は、知的障害がある場合も多く見られますが、知的な遅れや言葉の遅れがない子どももいて、様態はさまざまです。自閉症を中心として、類似した特性がある障害

を総称して「**広汎性発達障害（PDD）**」と呼びます（右図参照）。最近では発達年齢が低いという特徴があるため、障害が特定できず「広汎性発達障害」と診断を受ける子どもが増えてきています。

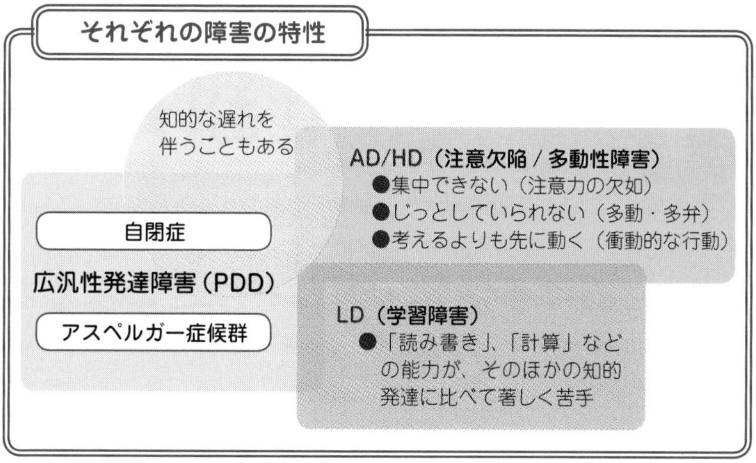

## それぞれの障害の特性

知的な遅れを伴うこともある

自閉症

**広汎性発達障害（PDD）**

アスペルガー症候群

**AD/HD（注意欠陥 / 多動性障害）**
- ●集中できない（注意力の欠如）
- ●じっとしていられない（多動・多弁）
- ●考えるよりも先に動く（衝動的な行動）

**LD（学習障害）**
- ●「読み書き」、「計算」などの能力が、そのほかの知的発達に比べて著しく苦手

---

### column　「発達障害」と「自閉スペクトラム症」

　発達障害者支援法では、発達障害は自閉症、アスペルガー症候群、その他広汎性発達障害、学習障害（LD）、注意欠陥 / 多動性障害（AD/HD）、その他これに類する脳機能の障害であってその症状が通常低年齢において発現するものと定められています。

　2013年、アメリカ精神医学会が定めた精神障害の診断のためのガイドラインである「DSM-5」では、これまでは小児自閉症やアスペルガー障害などを含む「広汎性発達障害」と呼ばれていたものが、「自閉スペクトラム症」（ASD：Autistic Spectrum Disorder）という一つの診断名に統合されました（「DSM-5」の日本語翻訳指針は2014年）。また、「注意欠陥 / 多動性障害」（AD/HD：Attention Deficit / Hyperactivity Disorder）は「注意欠如・多動症」、「学習障害」（LD：Learning Disorders）は「限局性学習症」と表記されることになりました。なお、2022年には改訂版の「DSM-5-TR」が示されています（「DSM-5-TR」の日本語翻訳指針は2023年）。DSMは世界的な診断基準として用いられているため、障害のとらえ方も見直されるようになりつつあります。保育現場では発達障害者支援法の表記や改訂前の診断名を使用していることも多いため、本書では発達障害者支援法の表記で解説しています。

　症状の現れ方やその程度はさまざまですが、自閉的な症状のいくつかが組み合わされて「自閉症」「広汎性発達障害」「アスペルガー症候群」「高機能自閉症」などの診断がなされてきましたが、これらを「自閉スペクトラム症」として統一的にとらえるようになりつつあります。スペクトラムとは、ある症状に対しその有無ではなく、程度や頻度の差として連続的にとらえる考え方を指します。自閉的な症状のおもな特徴である「コミュニケーション上の困難」をまったく感じたことのない人はいないでしょうが、障害のある人の場合、その困難さの生じる程度や頻度が著しく社会生活にまで差し障ることが多いため、特別な支援が必要であるととらえられるわけです。

　このように、診断名や障害のとらえ方は時代とともに変わることもありますが、保育者として常に正しい知識をもち、目の前にいるその子ども一人一人に必要な援助ができる保育者を目指していくことが大切です。

　参考文献）二宮祐子「自閉症スペクトラム障害」、長島和代編『改訂2版　わかる・書ける・使える 保育の基本用語』わかば社、2021

# 12 保育における活動・遊び

## 保育における活動・遊びとはどのようなものだろう

　保育における活動・遊びとは、具体的には子どもたちが歌をうたう、手遊びをする、折り紙を折るなどのことを指します。日々の活動や遊びには、子どもたちの生活や心を豊かにしていくことや、子どもたちの発達を促すなど保育をする上でしっかりとした目的があります。保育者は、そのときの子どもたちの発達や活動・遊びの様子などを把握した上で、どの活動や遊びを取り入れていくことが望ましいか日々考え、選択し実践しているのです。保育者は、子どもたちができるだけ多くの活動や遊びをいつでもどこでも行えるように、常に準備を整えておく必要性があり、子どもたちにとって魅力ある提示の仕方を考えたり、わかりやすく楽しむことができるようさまざまな工夫をしています。このようなかかわりや援助が、保育における活動・遊びの**“保育者の専門的な技術”**といえます。

　一方で、保育における活動・遊びを楽しむためには目で見えるような技術だけではなく、子どもや保護者との信頼関係の築き方、子どもに対する言葉かけやかかわり方、子どもの気持ちを理解する姿勢等といった、保育者としての姿勢や行為なども含まれています。これらは保育をする上で大切なものですが、保育者も日々の保育をする中で悩んだり、振り返りや反省、検討をくり返し、明日の保育では少しでも前進するようにと努力をしているのです。

　このように考えると、保育における活動・遊びには、**子どもを主体において保育者がよりよい保育をするためのあらゆる技術**があり、その技術の使い方をしっかり学んで身につけていく必要性があることがわかります。実習生は保育の経験も少なく、子どもたちとの信頼関係もしっかり築かれていない中での実習となるため、理想通りにいかない場合も多いでしょう。しかし、多くの貴重な学びが得られるのが実習です。興味のあるところから、少しずつ身につけて、実習に臨んでほしいと思います。

## 全身を使って子どもと活動・遊びを実践しよう

　本書においては、多くの保育現場で比較的子どもたちが親しんでいる**お話（素話）、絵本、紙芝居、手遊び**、ペープサートなどの**手づくり児童文化財、歌遊び**、絵を描くことや製作などの**造形遊び**、ルールのある遊びとしての**ゲーム**、体を使った**運動遊び**などの９項目を取り上げました。そして各項目のポイントを整理して、実際に日々の保育で子どもたちが喜び親しんでいるものなどを一つの例として紹介しています。それらの例を読書をす

本書で取り上げる活動・遊び

お話（素話）　絵本　紙芝居　手遊び

手づくり児童文化財　歌遊び　造形遊び

ゲーム　運動遊び

るように学ぶのではなく、実際に声を出したり、体を動かしてみたり、つくってみたりしながら、みなさん自身が楽しんで取り組むことで、子どもたちへの導入の方法や配慮などについての気づきも得られます。始めは、恥ずかしいと感じることもあるかもしれませんが、ぜひ**実際に自分のあらゆる体の部分を動かして**経験してみてください。

## 年齢や発達に合わせて選択しよう

　実際にこれらの活動や遊びを子どもたちを目の前にして行う際に、まず基本的に押さえてほしいことは、"**年齢や発達に合わせたものを選択する**"ということです。たとえば、『いない いない ばぁ』の絵本の読み聞かせであれば、0〜1歳くらいの子どもは本当に喜び、何回も「もう1回やって」とリクエストしてくれますが、3歳以上の幼児はその絵本の内容は単純で幼過ぎて魅力を感じません。逆に、保育者が日本の昔話の紙芝居を3歳以上の幼児を前に演じると、その世界に入り込むように観ますが、0、1、2歳児ではその話の内容がむずかしく、ただ退屈な時間が経過するだけになってしまいます。

　つまり、実習において活動や遊びを子どもたちにとって魅力あるものにするためには、**子どもたちの年齢や発達について、しっかり理解すること**が重要なのです。そして、その理解を踏まえた上で、責任（部分・一日）実習などに取り入れる活動や遊びを適切に選択できるようにしましょう。

# ① お 話（素 話）

### お話（素話）の基本的な考え方

お話（素話）とは、**語り手が道具を使わずに自分の声や表情だけで、子どもたちに物語を語る**という児童文化の一つです。お話（素話）の大きな魅力は、語り手が集団の子どもたちに物語を語る中で、聞き手の子ども一人一人が、自由に自分だけのお話のイメージを心の中に描いて楽しめるということです。つまり、聞き手一人一人が物語を聞いて描いたイメージは、その子だけのものであり、どれも間違いのない素晴らしいものといえるでしょう。

また、語り手が心地よい緊張感に包まれながら、柔らかなやさしい声で語りかけたり、聞き手である子どもたちの目を見て語りかける様子は、お話（素話）でしか経験できない独特なやさしい温もりを感じることができます。

しかしながら、お話（素話）を覚えるというのは、覚えるための時間もかかりますし、お話として魅力ある語りができるようになるまでの練習は容易ではありません。実習園が決定する前から、事前に準備を進めていく必要があります。ぜひ、気に入ったお話一つから、自分のレパートリーにして、子どもたちの前で語り、お話（素話）のおもしろさや楽しさを自ら経験してみましょう。

ココが**POINT** ☞
カーテンを引くなどして、動くものが見えないようにしましょう。

ココが**POINT** ☞
子どもは聞きやすい姿勢をある程度、認めていきましょう。

ココが**POINT** ☞
動作はオーバーにせず、語りを大切にしましょう。

## 保育におけるお話（素話）の楽しみ方

集団の子どもたちを前にしてお話（素話）をするときの環境については、以下に示したポイントのように多くの配慮が必要です。

しかし、実際の実習園の保育環境の中で、すべての環境を整えることができるとは限りません。そういう場合は、**実習するクラスの担任の保育者とどのように工夫することで可能になるのかなどをしっかり相談していきましょう。**

---

**お話のポイント**

**お話（素話）について**

・子どもの発達に合ったものを選択する（内容、長さなど）。
・実習生自身が気に入っているお話を選ぶほうが覚えやすい。
・登場人物は少ないお話を選択する。

**環境について**

・子どもの人数に合わせた小さめの空間を選ぶ（人数は多過ぎないようにする）。
・カーテンなど使用して、光が入り過ぎないようにする。
・語り手の背後は、動くものがないようにする。
・語り手の前には、何も置かない。
・語り手は低い椅子に座るか、床に座り、子どもの目線に合わせる。
・子どもは楽な姿勢で聞ける雰囲気を大切にする。

**実習生自身について**

・お話の時間がどれくらいなのか把握する。
・子どもに聞こえる声で、はっきり、ゆったりと語る。
・自然なやさしい声とともに、表情で語る。
・子どもたちの目を見て語る。
・事前にお話を覚えて、滑らかに語れるように練習をする。

---

**お話（素話）を選択する際の参考図書**

『おはなしのろうそく』東京子ども図書館編、東京子ども図書館、1973 年～
　シリーズで発刊されており、各巻に約5話お話が掲載されていて、対象年齢・時間・お話のポイントが示されています。

『新訂　お話とその魅力』相馬和子他、萌文書林、2002 年
　お話の魅力から始まり、子どもの発達過程に応じたお話が数多く掲載されています。話し方のポイントも解説してあるので、参考にしてください。

『子どもの聞く力を伸ばす　みじかいおはなし　56 話』阿部恵編、メイト、2013 年
　4～6月、7～9月、10～12 月、1～3月に区分して、季節に合わせたたくさんのお話があります。見開き2頁のお話の長さ、ポイントも整理されていて、実習生には魅力のある一冊です。

## ② 絵　　本

### 絵本の読み聞かせの基本的な考え方

　絵本の読み聞かせとは、**語り手が広げる絵本の絵を自分の目を通して見て、語り手が語るお話を自分の耳を通して聞き、絵本の世界を楽しむ児童文化財の一つ**です。また、最近では子どもだけでなく、大人も絵本を手にして楽しむことも多く、絵本の世界の魅力に多くの世代が親しんでいるといわれています。

　保育において絵本の読み聞かせを行う場合は、まず、絵本とは本来、紙芝居などのように、**保育者が集団の子どもたちを前にして読み聞かせることには、適していないという特性を理解することが大切**です。絵本の読み聞かせは、子どもが保育者の膝に座り、1対1あるいはそれに興味を示して寄ってきた数人でゆったりとした雰囲気の中で、読み聞かせてもらうことを通して、心地よいコミュニケーションとともに絵本の絵やお話が織りなす世界を楽しむものです。また、自分でページをめくるたびに絵の変化のおもしろさを感じて、次々とめくることをくり返したり、子どもが自分で細かな絵の変化や表現を時間をかけてじっくり見て楽しんだり、年長児になると気に入った絵本を自分で文字を追って読み楽しむ等、自分で楽しむことができる魅力ももち合わせています。

　実習においては、責任（部分・一日）実習のときだけではなく、普段の保育の中で、ぜひ子どもが絵本の世界を十分に楽しめるように、「読んで」というリクエストに応じてあげたり、一人で楽しむ環境を見守ったりするなど、適切に子どもとかかわりましょう。

### 集団の子どもたちを前にしての絵本の読み聞かせ

　では、集団の子どもたちを前にしての絵本の読み聞かせは、するべきではないのでしょうか。結論としていうと、そうとは限りません。保育者が、**集団の子どもたちを前にして、絵本の読み聞かせを行うための環境を整え、十分な配慮をすること**によって、絵本本来の楽しさを十分に味わうことも可能になったり、あらたな絵本との出会いとなり、子ども自ら絵本を手にする機会ともなり得るのです。

　実習において、絵本の読み聞かせをする場合のポイントを次のように記しましたので、これを事前にしっかり確認しながら行ってみましょう。

### 絵本について

・基本的に子どもが「読んで」「一緒に見よう」などとリクエストしてきたもの、または、子どもと一緒に探すなどして選ぶ。

### 環境について

・子どもが絵本に集中して見ることができる環境にする。
・保育室の隅など落ち着いた場所を選択する。
・保育室の中央を向いて、他の子どもの遊びの様子も把握できるようにする。

### 実習生自身について

・穏やかな声でゆったりと語り、子どもとのやりとりを楽しむことを心がける。
・子どもを膝の上に乗せるなど、スキンシップを大切にする。

一人から
数人への
読み聞かせ

一人から数人

### 絵本について

・読み聞かせをする子どもたちの発達に合った内容を選択する。
・絵本の大きさが集団で見ることができるかどうか、確認する。

### 環境について

・子どもが絵本に集中して見ることができる環境を整える。
・読み聞かせする保育者（実習生）は、子ども全員が絵本を見ることができる位置につく。

### 実習生自身について

・子どもたちが聞きやすい大きさの声ではっきり話す。
・絵本の絵が隠れないように、持ち方や見せ方（開き方）に気をつける。
・事前に読み聞かせの練習を行い、滑らかな読み聞かせを心がける。

集団への
読み聞かせ

集団

---

### 絵本を選択する際の参考図書

『絵本の本』中村柾子、福音館書店、2009 年
　保育現場で長年、絵本を楽しんできた著者が絵本のおもしろさや魅力について語っています。絵本というものについて考えることができる一冊です。

『父母＆保育園の先生おすすめのシリーズ絵本 200 冊』絵本ナビ監修、玄光社、2021 年
　絵本ナビユーザーや保育所の先生へのアンケートから、本当によいシリーズ絵本を厳選して紹介しています。このシリーズで『赤ちゃん絵本 200 冊』（2019）もあります。

# ③ 紙芝居

## 紙芝居の基本的な考え方

　紙芝居は、長い歴史をもつ日本独自の児童文化財です。現在の紙芝居は、**舞台があり、紙（絵）を通して読み手が芝居をする、つまり演じることが基本**となります。よって、紙芝居を扱う読み手のことを「演じ手」といいます。

　また、紙芝居は、演じ手がストーリーに合わせて、紙芝居の絵の抜き方や動かし方を工夫していくことで、絵が立体的に動くかのようなおもしろさがあることや、集団で見て楽しむ文化財であるため、聞き手同士で紙芝居の話を同時に共有することや、演じ手と聞き手のコミュニケーションによる楽しさを味わうことができるなど多くの魅力があります。

　つまり、**演じ手は事前に話の内容を理解してどのように演じていくのかをよく考えておく必要があると同時に、実際に演じている最中も、子どもたちの表情や内面の動きなどをとらえながら演じること**が大切となってきます。

## 保育における紙芝居の演じ方

　子どもたちは、紙芝居が大好きで、毎日、保育者に「紙芝居見たい！」とリクエストしたり、「今日は何の紙芝居なの？」と聞いてくる姿がよく見られます。実習において、紙芝居は比較的取り入れやすい文化財の一つですが、子どもたちがそれだけ紙芝居の魅力を自分のあらゆる感覚で知っているわけですから、子どもたちがその紙芝居の楽しさやおもしろさを期待する気持ちに応えられるように、以下に記した点に留意しながら、**しっかり準備を整えて取り組む必要があります。**

---

**紙芝居について**

・子どもの発達に合った内容を選択する。

・紙芝居が順番通りにそろっているか確認する（紙芝居にある番号の確認）。

**環境について**

・紙芝居を集中して見ることができる環境を整える。

・子どもたち全員に見える位置に紙芝居（舞台）を設定する。

**実習生自身について**

・演じる紙芝居のお話の時間がどれくらいなのか事前に把握する。

・紙芝居を演じるときには、子どもたちが聞きやすい声や発音に注意して演じる。

・紙芝居の舞台を使用しないときには、絵が隠れないようにもつ場所や抜き方に配慮する。

・事前に紙芝居を演じる練習（下読み・演じ方）をする。

**紙芝居のポイント**

---

　なお、紙芝居は、実習園にたくさんあるので、その中から選び、練習する際には貸していただくように相談しましょう。地域の図書館などでも貸出しているので、利用するとよいでしょう。また、紙芝居本体に、おおよその対象年齢が書かれていますので、それを参考にして選択しましょう。

**実践例** **紙芝居の効果的な練習方法**

### ①下読み

めくるとき文字側を見せる

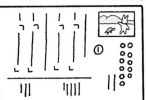

**ココが POINT ☞**
最後の頁を裏（文字）にして、左側に置きましょう。絵を見ながら物語を語る練習ができます。

### ②設定の方法

<舞台あり>

<舞台なし>

### ③演じ方

おおかみ
「こぶたたち　もうにげられないぞ　おおかみは　えんとつに　よじのぼりました。
おおぶた
「たいへんだ。おおかみが　はいってきちゃう」
ちいぶた
「だいじょうぶ　だいじょうぶ。ぼくにまかせて」
ちいぶたは　そういうと　だんろにひをつけて　おゆをわかしました。
そこへ、おおかみが　どぼん！
──さっとぬく──

ぜったい捕まえて食べてやるという感じで

落ち着いた感じで

とてもあせっている感じで

いきおいよく飛び降りる感じで

**ココが POINT ☞**
聞き手に見せている絵がここに示されています。演じ手は、この絵を参考にして演じていくと、絵と話がつながり、おもしろさが表現できます。

**ココが POINT ☞**
ナレーターなのか、誰のセリフなのかなど、聞き手の子どもたちがわかりやすいように声色を変えるなどしていきましょう。

**ココが POINT ☞**
「半分抜いて止める」など、紙芝居の抜き方や動かし方にも指示があります。半分抜くにも、抜くスピードや紙の動かし方で、お話の印象は変わります。どのように演じるのが効果的か、いろいろ試しながら練習しましょう。

**ココが POINT ☞**
「○○のような感じで」など、演じ方が示されています。その演じ方を自分で考えてみましょう（低い声にする、ゆっくり話す、子どもに質問するように問いかけるなど）。

---

### 紙芝居を選択する際の参考図書

『おすすめ紙芝居 400 冊─こんな時はこの紙芝居を』子どもの文化研究所編、一声社、2015 年
　　紙芝居リストで一つ一つの紙芝居の内容紹介、枚数、実演目安時間、演じるときのアドバイスが示されています。

『紙芝居百科』紙芝居文化の会企画制作、童心社、2017 年
　　紙芝居の魅力や歴史、演じ方など、紙芝居のすべてがつまっており、紙芝居とともに歩んだ童心社の 60 周年を記念する本となっています。

## ④ 手 遊 び

### 手遊びの基本的な考え方

　手遊びは、基本的に**手のひらや指を使って、それらをさまざまに動かして形をつくりながらイメージをふくらませて楽しみます**。そこには、手を何かの形に見立ててつくる「創造」と、その形からイメージをふくらませる「想像」、2つの「そうぞう」の楽しさがあります。そして、軽快なリズムや歌など音楽的要素を加えていることも多く、いろいろな楽しみ方ができます。

　また、手遊びは、道具などを準備する必要がないことや、いつでも・どこでも・誰とでも手軽に楽しむことができるということ、少しの時間でも集中して楽しむことができることなど、とても多くの魅力をもっている素晴らしい遊びといえるでしょう。しかし、その手軽さゆえに、ついつい子どもを静かにさせるための手段や単なる場つなぎに使ってしまうことも少なくありません。手遊びは立派な児童文化の一つであり、子どもにとっても身近な楽しい遊びであることを理解して、**「手遊びを楽しむ」という保育の視点を大切**にしてほしいと思います。

### 保育における手遊びの楽しみ方

　手遊びは、保育者の手の動きをまねて楽しむ遊びなので、まず**保育者が手の動きなどに迷いがないように、しっかり覚えることが大切**です。滑らかな動きをすることで、魅力ある遊びにもつながっていきます。そして、実習生の中にははずかしがる人もいますが、動きがはっきりせずわかりづらくなるので、堂々とした姿勢で楽しんで行いましょう。また、よく親しんでいる手遊びでも地域や園によって手の動かし方などが異なっている場合があります。実習で行うときには、事前に保育者に聞いて動きの確認をさせていただいたり、いろいろなバリエーションを考えておき、以下のような配慮を十分にして取り組んでください。

---

**手遊びについて**

・子どもの発達に合ったものを選択する（手・指の発達を考慮する）。
・初めての手遊びは、動作をわかりやすく大きく動かして見せていく。

**環境について**

・保育者は子ども全員が見ることができる位置につく。
・子どもが集中して見ることができる環境を整える。

**実習生自身について**

・手遊びの歌詞などは、子どもが聞きやすい声の大きさと発音を心がける。
・手の動きは、はっきりとわかりやすく行う。
・事前に手遊びの練習をする。

手遊び
の
ポイント

**実践例** ずっとあいこ

①

♪かにさんと
片方の手をチョキにする

②

♪かにさんが
もう片方の手もチョキにする

③

♪ジャンケンしたら
チョキにした手を左右に振る

④

♪チョキチョキチョキチョキ
交互に手を出す

⑤

♪ずーっと
チョキのまま両手を前へ

⑥

♪あいこ
「あいこ」に合わせて3回拍手する

2番の「くまさん」は、グー
3番の「あひるさん」はパー

 **ずっとあいこ**

作詞・作曲　阿部直美

1. か　に　さ　ん　と　　　か　に　さ　ん　が　　　ジャン　ケ　ン　　し　た　ら
2. く　ま　さ　ん　と　　　く　ま　さ　ん　が　　　ジャン　ケ　ン　　し　た　ら
3. あ　ひ　る　さ　ん　と　あ　ひ　る　さ　ん　が　ジャン　ケ　ン　　し　た　ら

チョキ　チョキ　チョキ　チョキ　チョキ　チョキ　チョキ　チョキ　ずーっ　と　あ　い　こ
グー　グー　グー　グー　グー　グー　グー　グー　ずーっ　と　あ　い　こ
パー　パー　パー　パー　パー　パー　パー　パー　ずーっ　と　あ　い　こ

**手遊びを選択する際の参考図書**

『たにぞうの手あそびでござんす』谷口國博 、チャイルド本社、2006年
大人気の"たにぞう"のオリジナル手遊び集です。季節別に全50作品が掲載されています。手遊びをする保育者の声を大切にして、手遊びそのものを楽しめる1冊となっています。

『0～5歳児　保育の手遊び―季節・行事・生活・あやし歌』阿部直美 、ひかりのくに、2021年
保育に役立つ156曲とたくさんの手遊びが紹介されている本です。タイトル索引、うたい出し索引、年齢別索引、場面別索引、ジャンル別索引と5つの索引があり、実習生にとって探しやすく、活用しやすい1冊です。

# ⑤ 手づくり児童文化財

## 手づくり児童文化財の基本的な考え方

　手づくり児童文化財といわれている児童文化財は、保育者が自ら作成して、保育の中で子どもたちに見せて楽しむ教材をいいます。具体的には、パネルシアター、エプロンシアター®、ペープサートなどがあげられます。これらは、**お話や子どもの歌、クイズなどさまざまな内容に活用できることや、どれも各年齢に合わせて見せることができること、自分たちで比較的手軽につくれて、工夫次第でバリエーションも広がるなど、どれも魅力ある児童文化財**です。子どもは、これらの手づくり児童文化財が大好きで、年齢を問わず日々の保育で楽しみ親しんでいます。最近は、市販の物が簡単に手に入りますが、せっかくの実習ですから、ぜひ自分でつくって子どもたちに見せて、一緒に楽しんでください。

　なお、ここではペープサートを一例として紹介していますが、それぞれの手づくり児童文化財の基本や実例などを掲載している参考図書がたくさん出版されていますので、自分でつくるときに活用してください。

### パネルシアター

　フランネルやパネル布を貼ったボード上に、ペーパー状の不織布に絵を描いて切り取った物を貼ったり外したりしながら、お話を語ったり、歌をうたったりして楽しみます。

### エプロンシアター®

　保育者が胸当て式エプロンを身につけて、それを舞台にした人形劇です。ポケットなどから人形が登場したり、エプロンに人形をくっつけるなどしてお話などが展開されます。

### ペープサート

　画用紙に絵を描いて切り抜き、割り箸やストローなどで持ち手をつけて、2枚の絵を貼り合わせて、反転させたり回転させることで、絵の変化を楽しみます。舞台をつくり、使用することで、手元で操作しやすくペープサートを差し込めるなど、おもしろさが広がります。

　このほか、手袋シアター、紙皿シアター、紙コップシアターなど、さまざまなものが考案されています。身近なものを活用し、工夫次第で楽しい教材をつくることができるでしょう。

---

**手づくり児童文化財について**
・子どもの発達に合った内容のものを選択する（時間など）。
・手づくり児童文化財を取り出す順番にそろっているか確認する。
・内容に応じて舞台やテーブルなどを使用していく。

**環境について**
・手づくり児童文化財を集中して見ることができる環境を整える。
・保育者は子どもたち全員に見える位置に立つようにする。

**実習生自身について**
・演じる時間がどれくらいなのか把握する。
・子どもたちが聞きやすい声や発音に注意する。
・手づくり児童文化財を手で持って動かすときは、意味ある動きをつけて見やすくする。
・事前に手づくり児童文化財を実際に動かして練習をする。

手づくり
児童文化財の
ポイント

### 保育における手づくり児童文化財の楽しみ方

　手づくり児童文化財は、事前に自分でつくる作業があるとともに、ボードや舞台の設置、あるいは順番を整えるなどの事前や直前の準備が必要です。子どもがいる前で、最終の準備をする場合もありますが、慌てずに落ち着いて行いましょう。また、保育者が演じている最中に、子どもが楽しむ中で、話しかけてくることもあります。うなずいたり、「どうなるかな？」「じゃあ、見てみようね」など応答しながら、お話を続けていくようにしましょう。

**実践例　何がみえるかな？**

♪なになになーにがみえるかな
左右に大きく揺らす

**ココが POINT ☞**
簡単にいろいろなパターンが考えられるので工夫してみましょう。

♪よくみてごらんよみえるかな
　いちにのさん！
左右の手のひらに棒を挟んでクルクル回す。いちにのさんで裏返して、ライオンに！

わあ
ライオンだー

**music　何が見えるかな？**

作詞・作曲　小山朝子

なに なになーにが みえるか な　よくみてごらんよ みえるか な　いち にの さん

**手づくり児童文化財を選択する際の参考図書**

『一年通して楽しめる！ アイデアいっぱいシアターあそび』阿部恵、日本文芸社、2020年
　パネルシアター、ペープサートをはじめ、スケッチブック、うちわ、折り紙などの素材を活用した楽しいシアターを紹介しています。

『カモさんのかわいいパネルシアター』カモ、新星出版社、2020年
　人気のイラストレーターのカモさんが描いた絵人形の型紙で「うた」「おはなし」「保育生活」の3つのテーマで26作品を紹介しています。

### ● 歌遊びの基本的な考え方

　歌遊びは、日々の保育の中で0歳児から楽しみ親しんでいる遊びで、**保育者や子どもが歌をうたうことを楽しみながら、体を動かしたり、絵を描いたり、クイズやゲームをするなど、実にさまざまな遊び方**があります。そして、保育者や子どものその日の様子や自由な発想などに合わせて、歌詞や体の動きなどをアレンジして楽しめることも、歌遊びの大きな魅力といえるでしょう。

　歌遊びをするときには、**何より保育者自身が笑顔で楽しんでうたうことが大切**です。保育者自身が楽しんでいると、子どもは「おもしろそう！」「ボクもやってみたい！」などと興味をもって参加するようになります。

　また、子どもが遊びに慣れて楽しめるようになってから、場合によっては伴奏楽器やリズム楽器などを取り入れると、より楽しい遊びに広がることもあります。保育者や子どもがより楽しく遊ぶことを基本にしながら、上手に楽器も取り入れてください。

### ● 保育における歌遊びの楽しみ方

　初めての歌遊びをするときには、実習生がゆっくりわかりやすい声でうたったり、大きく動作を行うことを心がけていくと、子どもも覚えやすく模倣しやすくなります。そして、少し慣れてきたら、「今度は新幹線みたいにはやくやってみよう！」と速さを変えてみたり、言葉を変えて「替え歌」にしたりして、遊び方をふくらませていくと、より楽しい活動になります。実習園の子どもが以前から親しんでいる歌遊びの場合は、地域による違いや園の子どもたちのアレンジが加わっている場合があります。事前に、担任の保育者や子どもから聞いて、歌の歌詞やリズムを確認しましょう。

---

**歌遊びについて**

・子どもの発達や人数に合わせて曲や遊びを選択する。
・準備物などがある場合は、種類や数を明確にして事前にそろえる。
・子どもが以前から親しんでいる歌遊びの場合は、子どもが覚えているリズムや歌詞を優先する。

**環境について**

・子どもの人数と歌遊びの内容から、遊ぶ場所を選択する。
・設定が必要な場合は、担任の保育者と相談して事前に設定できるようにする。

**実習生自身について**

・子どもたちにわかりやすい言葉を選んで遊び方など説明できるようにする。
・子どもたちの前で実際に動いてやって見せる。
・実習生自身が楽しめるように、事前に歌遊びの内容をしっかり覚える。
・伴奏をする場合には、事前に伴奏しながらうたえるように練習する。

歌遊び
の
ポイント

**実践例** ぞうさんとくもの巣

①

♪ひとりのぞうさん　くものすに　かかって　あそんで　おりました　あんまり　ゆかいに　なったので

ぞうさん役の1人は子どもたちの座る輪の中をうたいながらゆっくり歩く。

②

♪もひとり　おいでと　よびました

ぞうさん役が座る子どもの前にきて「○○ちゃんおいで」と言葉をかけ、その子どもが「ハイ」と返事をして、ぞうさん役の後ろにつく。後ろについた子どもは腰や服をつかんでつながる。

③

♪（2回目～）ひとりのぞうさん　くものすに　かかって　あそんで　おりました　……

今度は2人で輪の中に入ってうたいながら歩く。そして1回ごとについてくる友達が増える。

④

♪（最後）みんなのぞうさん　くものすに～（略）
♪～くものす　プツリと切れました　ドシーン！

最後は、みんなで倒れておしまいになる。

 **music** ぞうさんとくもの巣

ボーイスカウトキャンプファイヤーより

ひとり　の　ぞう　さん　くものすに　かかってあそんでおりました
（最後）ひとり　の　ぞう　さん　くものすに　かかってあそんでおりました

あんまり　ゆかいに　なったので　もひとりおいでと　よびました
あんまり　おもたく　なったので　くものすプツリと　きれました　ドシーン！

**歌遊びを選択する際の参考図書**

『子どもに伝えたい わらべうた 手合わせ遊び 子守うた』　細田淳子 編、すずき出版、2009年

　心がほっと温まる、たごもりのりこさんの絵とともに、昔から受け継がれてきた歌遊びなどが紹介されています。今の子どもたちへぜひ！　伝えたい歌もいっぱいです。

『あそびうた　ぎゅぎゅっ！』新沢としひこ 監修、全音楽譜出版社、2016年

　子どもも保育者もみんなでわくわく楽しめる遊び歌が"ぎゅぎゅっ"と詰まっています。これに続いて『あそびうた　ぴよぴよ』（2017）、『あそびうた　ジャジャーン』（2018）もあります。

## ● 造形遊びの基本的な考え方

　造形遊びとは、**子どもが身近ないろいろな素材を用いていろいろな方法で表現をする遊びのこと**で、素材の選択や遊ぶ方法などを工夫すれば低年齢児でも楽しむことができます。保育者はつい、子どもの作品を残したいという思いから造形遊びを保育に取り入れてしまいがちですが、本来、子どもにとっての造形遊びは、かならずしも作品をつくるために遊びを行うわけではありません。子どもが、造形遊びをしている過程の中で試行錯誤しながら、いろいろな方法で楽しんでいったその結果が作品なのです。子どもの年齢や遊びの種類や遊び方などによっては、作品とはいいがたい"遊びの残骸"となることもよくあります。しかし、**保育において大切なことは、そこに至るまで、子どもがどのような気持ちで取り組み、どのような経験をしたか**ということであり、それらの経験の積み重ねが子どもの育ちへとつながっていくのです。

　保育の造形遊びにおいては、子どもの興味と発達を考慮して内容を選択し、何を経験してほしいのか、大切にしてほしいのかなどという視点を大切にして、明確なねらいを考えていきましょう。

## ● 保育における造形遊びの楽しみ方

　造形遊びを楽しんでいくためには、実習生が**環境の構成と、準備物についてしっかりと整えていく必要**があります。遊んでいるときの保育者や子どもの動線、テーブルや椅子の配置、準備する素材の置き場所などは、できるだけ遊びやすいように配慮することが大切です。いざやってみたら準備した物の数が足りなかったということがないように、少し多めに準備することも必要となります。実習においては、指導案にわかりやすくていねいに示していくことで、事前準備を整えることが可能になります。

---

**造形遊びについて**

・子どもの発達に合わせた内容にする。
・使用する素材や道具、その数などを明確にして、少し多めに準備する。
・子どもの年齢に合わせて、安全に遊べるように素材や道具を吟味する。

**環境について**

・子どもが遊ぶ様子をイメージして、遊びやすい環境構成にする。
・設定が必要な場合は、担任の保育者と相談して事前に設定できるようにする。

**実習生自身について**

・子どもたちにわかりやすい言葉を選んで説明できるようにする。
・子どものイメージを尊重した言葉かけなどを心がける。
・事前に実際に自分でやってみて、方法や配慮などについて確認する。

造形遊び
の
ポイント

## 実践例　織り染め遊び

**材料** 和紙（障子紙など）、絵の具、トレイ

> **ココが POINT☞**
> 「絵の具」は年齢によって
> 色の数を考えましょう。

① 和紙を折る。年齢によっては一緒に折るなどして、折り方を知らせるようにしましょう。

② 好きな色の絵の具を選び、トレイに溶き、紙の角の部分を入れて染めます。

③ 切れないようにゆっくり広げて、窓に貼ったりして乾かしましょう。

## 実践例　ビニール風船遊び

 **材料** ストロー、ビニール袋、セロハンテープ、油性ペン、紙コップ

> **ココが POINT☞**
> 紙コップに穴をあけ、ストローを通して固定するとビニール袋が飛び出して楽しい活動になります。年齢に応じて、紙コップに事前に穴をあけておいたり、ビニール袋とストローの間の空気もれがないか確認しながら援助しましょう。

① ビニール袋にあらかじめ顔などの好きなイラストを油性ペンで描いておきます。

② ビニール袋とストローを空気がもれないようにセロハンテープでしっかりと固定します。

③ 息を吹き込むとビニールに描いたイラストがふくらみます。

### 造形遊びを選択する際の参考図書

『表現活動を豊かにする 絵画・製作・造形 あそび指導百科』東山明 編、ひかりのくに、2005 年
　多くの素材や道具を使って楽しむ造形遊びが紹介されています。また、造形指導の基本ポイントとなるハサミや絵の具の使い方などの解説もあります。

『０・１・２歳児のあそびと造形』森田浩章、学研プラス、2019 年
　「すぐできる！」「すぐ遊べる！」造形遊びが紹介されています。また、造形遊びではしっかり押さえたい子どもの発達や素材選び、道具などについても解説されています。シリーズで『３・４・５歳児のあそびと造形』（2019）もあります。

## ⑧　ゲ　ー　ム

### ● ゲームの基本的な考え方

　ゲームは、集団生活の中でさまざまな経験をしていき、「友達と一緒に遊ぶと楽しい！」と、子ども自身が感じられるようになった2歳児クラス後半以降の子どもたちが、楽しめるようになる遊びです。始めは、保育者がルールを伝えていきながら一緒に遊ぶことで、子どもがゲームを楽しんでいきますが、次第に子ども同士だけでも楽しめるようになります。

　またゲームは、子どもがハラハラ・ドキドキする興奮する気持ちや自分のチームの友達を応援する気持ちを実際に体験して楽しんでいきながら、**子どもたちの心の育ち合いを支えていくという素晴らしい遊び**です。ゲームを楽しむ中で、子どもが勝敗にこだわってうれしさや悔しさなどの感情を出したり、悔しいあまりふてくされてしまう、あるいは参加せずに遠くから見ている、などといった子どもの姿がよく見られますが、そういうときこそ子どもの心が育つチャンスなのです。ぜひ、子どもが表現する素直な気持ちをしっかり受け止めて、子どもの様子を見ながらていねいに対応していきましょう。

### ● 保育におけるゲームの楽しみ方

　ゲームは、**子どもの発達に合わせて選択をすることがとても重要**です。具体的には、2歳児クラス後半から3歳児クラスは友達と一緒に楽しむことはむずかしいので、ルールが簡単で短時間で楽しめるもの、4歳児クラスでは友達と力を合わせることを楽しめるもの、5歳児クラスでは、対抗戦にしたり勝敗をつけながら友達と協力し合えることを楽しめるもの、という視点をもって選択していくと、ゲームも盛り上がります。

　それぞれの子どもがゲームで楽しい経験をして「また、やりたい！」と思い、次のゲームの機会が楽しみになるようにしていきましょう。

---

**ゲームについて**

・子どもの発達に合わせてゲームを選択する（時間についても考慮する）。
・場合によっては、ゲームを盛り上げる曲を用意する。
・準備物などがあるときは、種類と数を明確にして事前に整える。

**環境について**

・選択したゲームに合わせて、遊ぶ空間を確保する。
・使用する場所に危険な物がないか確認する。
・設定が必要な場合は、担任の保育者と相談して事前に設定できるようにする。

**実習生自身について**

・ゲームのルールをしっかり把握する。
・ゲームの進め方は子どもにわかりやすい言葉で説明する。

> ゲーム
> の
> ポイント

## 年齢に合わせて考えよう！

**5歳児クラス**
対抗戦など、勝敗をつけたり、友達と協力し合うことを楽しめるものを

**4歳児クラス**
友達と力を合わせることを楽しめるものを

**2歳児クラス後半〜3歳児クラス**
ルールが簡単で短時間で楽しめるものを

**ココがPOINT** ☞
年齢を考え、子どもたちが「またやりたい！」と思えるようなゲームをしましょう！

### 実践例　フルーツバスケット

 **用意するもの**　椅子（参加人数より1つ少なくする）
果物のお面（4〜5種類の果物で、合計が参加人数分になるように用意する）

① 円になるように椅子を設定して座る。座れない一人が真ん中に立ち、果物の種類を一つ大きな声で言う。

② 言われた果物の人は、座っている椅子から移動する。果物の名前を言った人も椅子に座るように走る。

③ 座れなかった人は、再び中央に立って同じことをくり返す。「フルーツバスケット」と言ったら全員が移動する。

 **アレンジ**
・フルーツバスケット以外でも虫や花など身近なもので種類があれば楽しめる。
・椅子とりゲームのようにして、椅子を少なくして、勝ち抜き戦にできる。

### ゲームを選択する際の参考図書

『いちばんたのしい！　みんなで遊べるゲーム67』
　　　　　　　　　　　　　　ゲームで友達の輪を広げる会 編、自由現代社、2021年
　2人から大人数の子どもで楽しめるゲームをたくさん紹介しています。ルールをイラスト入りでていねいに解説しているので、「やりたい！」と思えます。

『使える！　保育のあそびネタ集　ゲームあそび編』井上明美、自由現代社、2021年
　「身体あそび」「ジャンケンあそび」「歌あそび」の3つのテーマに分けて、わかりやすく解説しています。保育現場でたくさん楽しまれているものがいっぱいです。

## 運動遊びの基本的な考え方

運動遊びは、子どもの心身や運動能力の発達に合わせて、「これならできそうだ！」「これ、おもしろそう！」と子どもが魅力を感じ、やってみようと前向きに思えるような運動遊びの内容であることが大切です。そのためには、**まず子どもの心身の発達および運動能力の発達をしっかり把握すること**が必要となります。なぜならば、子どもがもつ運動能力より低い内容にしてしまうと、簡単過ぎて遊びとしての魅力を感じることがむずかしくなりますし、逆に高い内容にしてしまうと失敗が続いてがんばる気持ちが持続しなかったり、無理な動きをしてけがにつながる場合もあるからです。

さらに、具体的に運動遊びを考えていく際には、**実習園の子どもの身近な運動用具や生活用品等を活用していくとよいでしょう**。たとえば、運動用具ならばマットや巧技台、平均台、ボール、フープ、なわとびのなわなど、生活用品ならばシーツのような大きな布、ペットボトル、段ボールなど、いろいろな物があります。これらを発達に合わせて使うことで、魅力ある遊びになることも多いので、一つのものをたくさん用意したり、数種類のものを上手に組み合わせるなどの工夫もするとよいでしょう。

また、運動遊びでは、さまざまな危険を伴うことも予想されます。保育者は、運動遊びをするときには、目の前の子どもの動きを十分に予測して、安全面での配慮を十分に行うように常に心がける必要があります。実習生では子どもの動きを予測することがむずかしいかもしれませんが、保育者からの助言を得て、安全面には十分に配慮して子どもとかかわるようにしましょう。

## 保育における運動遊びの楽しみ方

本書では、一例としてなわとびのなわを使った運動遊びを紹介します。なわとびのなわだけでも、いろいろな遊び方があることが理解できると思います。これらの遊びやほかの遊びを組み合わせて、ゲーム形式にして楽しむこともできますし、チーム対抗戦などにしても楽しいでしょう。実習生も**柔軟な発想でさまざまな遊び方を考え楽しみ**ましょう。

---

**環境について**

・運動遊びの内容によって、遊ぶ場所を選択する。

・使用する場所に危険な物がないか確認する。

・設定が必要な場合は、担任の保育者と相談して事前に設定できるようにする。

**運動遊びの内容について**

・運動遊びは、子どもの心身の発達に合わせた魅力のある内容にする。

・使用する道具やその数、使用する場面、使い方などを明確にする。

**実習生自身について**

・子どもたちにわかりやすい言葉を選んでルールなど説明できるようにする。

・子どもたちの前で実際に動いてやって見せる。

・事前に子どもたちの動きをイメージして、安全面の配慮を明確にする。

運動遊び
の
ポイント

---

**実践例** なわとびのなわ

なわとびの電車

なわブランコ

ヘビとび
波とび

なわをくぐる・またぐ

いろはにこんぺいとう

一人とび

長なわ

---

**運動遊びを選択する際の参考図書**

『決定版！ 保育の運動あそび450』前橋明 監修、新星出版社、2017年

　子どもの心と体の発達を踏まえ、子どもの運動能力を伸ばす4つの運動スキルからどのような遊びが大切なのかを解説し、遊びをその運動スキル別に分けて、さらに基本→発展の流れで紹介しています。

『0から5歳児　運動遊び12か月―発達に合わせた指導例を写真で紹介』森田陽子、小学館、2022年

　園で行われている運動遊びを写真を中心に構成し、子どもの発達を考慮した運動遊びをわかりやすく提案しています。

# 13 実習前の事前確認

## 実習前の準備をチェックしよう

　実習が始まる前にできる限りの準備をしておきたいものです。次頁は実習前のチェックリストです。自分自身で一つ一つチェックしてみましょう。実習中はもちろんですが、実習初日に忘れ物があると十分な実習ができません。また、実習生としての準備不足という印象をもたれてしまいます。実習前日にはとくに忘れ物がないように、きちんと持ち物が準備ができているかを確認しましょう。

　また、実習中の養成校や実習担当の教員との連絡方法についても確認しておきましょう。実習中の夕方以降の時間帯の連絡の取り方についても事前に確認しましょう。

## 体調はしっかり整えておこう

　たとえ実習であっても、実習生は職員の一員として実習に臨みます。初めて実習に行く園の場合にはとても緊張するでしょう。また、慣れないことが多く、夏の実習では暑さで体力が奪われることもあります。実習日誌や指導案を書くことに時間がかかり、睡眠時間を削って書くようなことも出てきます。実習中は体調管理がとても大切です。十分な睡眠をとり、体調を整えて実習に臨む姿勢は基本です。体調を崩してしまった場合は、実習園にも子どもたちにも迷惑がかかってしまいます。実習前から規則正しい生活、食事を心がけ、とくに前日は早めに就寝するようにしましょう。

### column　先輩からの体験談 — 実習直前にインフルエンザにかかってしまった

　実習直前に体調を崩してしまったある実習生からの話です。この実習生は実習が控えているにもかかわらず、夜遅くまでアルバイトをしたり友人と遊んだりと、日常と変わらない生活を送っていました。実習間近になり、日々の生活の疲れもあったためか発熱しましたが、ただの風邪だろうと思い、病院には行かずに家で寝ていたそうです。実習前日になっても熱が下がらず、このままでは実習に行くことができないと思い、養成校の実習担当の教員に連絡をしたところ、インフルエンザではないかと言われました。養成校ではインフルエンザの予防接種を受けるように勧められていましたが、この実習生は受けていなかったのです。結局、実習を休んで病院に行くと、インフルエンザと診断され実習は中止となり、本来実習を行うべき時期に実習を行うことができませんでした。この実習生のように、受けておくべき予防接種を受けなかったり、実習直前まで夜遅くまでアルバイトをしたりではせっかくの実習を行うことができなくなってしまう場合もあります。実習があることを意識して、事前準備を行いましょう。

# 実習前チェックリスト

**【オリエンテーション後すぐに確認すること】**

- ☐ オリエンテーションの内容を実習日誌にまとめましたか？
- ☐ オリエンテーションの資料は、実習日誌などにファイリングする等まとめましたか？
- ☐ 実習園についての理解を深め、あらためて実習課題を考え、書きまとめましたか？
- ☐ アルバイト等の日程を調整しましたか？
- ☐ 実習について、実習期間や弁当の有無など家族に伝えましたか？

**【実習2週間前から1週間前くらいまでに確認すること】**

- ☐ 実習開始前までに細菌検査の検査結果が届くように、検体を提出してありますか？
  ※養成校によっては、養成校で一括に集める場合もあります。
- ☐ 必要な予防接種は受けてありますか？
- ☐ 幼稚園教育要領・保育所保育指針等をよく読んでありますか？
- ☐ 自分の実習課題について、本を読むなどして事前に勉強しましたか？
- ☐ 健康管理に留意し、規則正しい生活リズムを整えていますか？

**【実習開始1週間前くらいまでに確認すること】**

- ☐ 実習中に実践してみたい手遊びや、絵本、紙芝居を用意し練習していますか？
- ☐ 実習中につける名札の用意や自己紹介の準備をしてありますか？
- ☐ 責任実習（部分・一日）で実践してみたいことを考えてまとめてありますか？
- ☐ 実習中に必要な持ち物を事前に用意してありますか？
  - ☐ 実習中の服装や着替え（外で遊んだ際に泥遊び等で汚れる場合もあるので、着替えを用意しておきましょう。夏の実習ではプールがあるので、水着、タオル、着替えを用意しておきましょう。女性はスポーツ用などのワンピースタイプの動きやすい水着を用意しましょう）
  - ☐ 通勤時の服装（スーツ）・靴・かばん
- ☐ 通勤時間や園までの道順の確認はしてありますか？
- ☐ 実習中の持ち物の準備はできていますか？
  - ☐ 実習日誌　☐ 細菌検査証明書（検査機関から送付されたもの）　☐ 印鑑
  - ☐ 筆記用具・メモ帳（メモを取ってもよい場合は、エプロンのポケットに入るくらい）
  - ☐ 保育室内用の上履き・園庭用の運動靴（脱ぎ履きしやすいもの）
  - ☐ エプロン（オリエンテーションで実習園より指定があればその指定に従いましょう。とくに指定がない場合は、自分で用意しておきましょう。その際には、キャラクターがついているものや、色が派手なものは避けましょう。また、毎日同じものを使用しないように何枚か用意しておきましょう）
  - ☐ 三角巾（調理の手伝いや食事の援助をする際に必要な場合があるので、事前に確認しておきましょう）
  - ☐ コップ・箸（お茶を飲むためのコップや昼食を食べる際に使用するお箸やスプーン、フォークを持参する実習園もあるので、確認しておきましょう）
- ☐ 弁当または給食費の準備はできていますか？（実習中に弁当が必要な場合は、コンビニ等で購入したものをもっていくのではなく、家で弁当をつくってもっていきましょう。白いご飯だけを持参する場合もあります。給食の場合は、実習初日または最終日に給食費を支払うので、釣り銭のないように準備し、封筒に入れておきましょう）

## 実習前日　最終チェック！

- ☐ 実習日誌
- ☐ 細菌検査証明書
- ☐ 印鑑
- ☐ 筆記用具・メモ帳
- ☐ 上履き・園庭用運動靴
- ☐ エプロン　☐ 三角巾
- ☐ コップ・箸
- ☐ 実習中の服装・着替え
- ☐ 通勤時の服装・靴・かばん
- ☐ 通勤時間・園までの道順・交通機関の乱れに備えたルート
- ☐ 弁当または給食費の準備

## 準備不足のための失敗談

　実習の事前準備が足りなかったため、起きてしまったいくつかの事例を紹介しましょう。事例のようなことのないように事前にしっかり準備をしておくことが大切です。

### 事例1　細菌検査が間に合わない !!

　細菌検査の検体を検査機関に送付するのを忘れてしまい、気がついたときには、実習初日に実習園に提出する検査証明書が間に合わなくなってしまいました。慌てて養成校へ連絡すると、初日に細菌検査の証明書が提出できない場合には、子どもたちへの食事の援助等ができないので、実習に行くことができないと言われてしまいました。結局、実習には予定していた期間に行くことができず、養成校にも実習園にも迷惑をかけてしまいました。

### 事例2　細菌検査の結果が陽性だった !!

　決められた期間で細菌検査の検体を検査機関に送付し、予定通り検査の結果が手元に届きました。封を開けて書類を確認すると、検査の結果が陽性となっていたのです。陽性でも実習に行くことができるのか、養成校の実習担当の教員に連絡をして聞いてみました。教員からは検査結果が陽性だと実習に行くことができないと言われてしまいました。実習は予定通り行うことができず、期間を空けて再度、細菌検査を行い、陰性の結果が出るまで実習を行うことができませんでした。

　後でよく考えてみたら、細菌検査の検体を取る前々日に友達とバーベキューを行ったときに食べた肉がよく焼けていなかったため、検査結果が陽性だったのかもしれないとわかりました。食べる物にも配慮しないといけないと反省しています。

　事例1・2は細菌検査での失敗例です。細菌検査には時間もかかります。事例のようなことのないように、陽性が出た場合も考えて、計画的に時間にゆとりをもって行っておくことが大切です。

### 事例3　出勤時間に遅れてしまう !!

　オリエンテーションに行く際に、実習園までの交通機関を確認したところ、いくつかのルートがあったのですが、すべて確認することなく、あるルートで実習園にうかがいました。時間通りに到着できたので、実習にもこのルートで通うことにしました。ところが、実習中にこのルートで人身事故があり、電車が止まっていたのです。急いで違う行き方を検索して実習園に向かいました。ところが、向かっている途中のバスが渋滞でなかなか進まず、結局、出勤時間に遅れてしまいました。実習園の実習担当の保育者には、間に合うと思っていたので、連絡を入れなかったことを注意されてしまいました。遅れそうだとわかったときに、実習園と養成校に連絡を入れるべきだったと思いました。

　事例3は、通勤での失敗例です。交通機関の乱れなども想定し、時間・通勤ルートなどを事前にしっかり確認しておきましょう。また、思いもよらぬトラブルの際には、実習園および養成校にすみやかに連絡しましょう。

**実習前、こんなときどうする!?**

 実習を控え、あれもこれも不安です。まず実習までにやっておかなければならないことは何でしょうか?

実習生は、実習に対して準備を怠らないようにすればするほど"まだやらなければならないことがありそう……"と心配になることがあります。そこでまずは自分の生活を見直すところから始めてはどうでしょうか。

① 生活のリズムを整えておく

とくに一人暮らしの学生は、生活を組み立てるのはすべて自分でするため、つい夜型の生活リズムになってしまいます。実習初日までに、早寝早起きを心がけましょう。幼稚園・保育所によって出勤時間はさまざまですが、6:30 には起床をしておくとよいでしょう。普段の起床時間より、目標とする起床時間まで差がある場合は、いきなり目標時間に変更するのではなくて普段の起床時間から 15 分間隔で早めていきましょう。すると、無理なく希望の時間に起床できるでしょう。

そして朝食を摂ることも忘れないようにしたいものです。最近では朝食を抜く学生が増えていますが、午前中から子どもたちと一緒に伸び伸びと遊ぶためには朝食は欠かせません。体力は、食事と睡眠で補いましょう。

② 掃除・洗濯など、生活に欠かせないことをする

実習園では、子どもの生活の場を整える仕事が待っています。しかし、今一度自分の生活を振り返ってみましょう。自分の部屋を掃除したり、洗濯をしていますか? 自分の生活環境を整えられて、初めて子どもたちの環境をつくるのではないでしょうか。ほうきや掃除機の適切な使い方、洗濯物の干し方、雑巾のしぼり方、フキンの拭き方、洗濯物のたたみ方などを身につけておきましょう。

 実習中にメモをとるように言われました。メモをいつ、どのようにとればよいのかわかりません。

メモをとることにプレッシャーを感じている理由の一つに「量」を求められていると感じているのではないでしょうか。保育中の出来事を忠実に描写しなければならない、といった気持ちが働いていると思います。メモをとることが、観察実習だと思い込んでいる実習生もいます。しかし子どもと生活をともにし、子どもの世界にふれて、保育の実際を経験する機会とすることが実習の目的であり、メモをとることが目的ではありません。

一日を振り返ったときにその日のねらいを意識しながら、メモをとるとまとめやすいです。また、印象に残ったことや強く疑問に感じたことを中心に書くと整理しやすいです。「子どもの言葉」「保育者の言葉」「保育者の援助」「エピソード」などを書いておきます。慣れるまでは、かなり省略した形で書いたり、出来事のキーワードのみでもよいでしょう。

実習初日にうまくあいさつができるか心配です。よい印象を与えるポイントが
あったら教えてください。

第一印象を決定するのは、あいさつの仕方といってもよいでしょう。それほど、あいさつはコミュニケーションの入り口なのです。出会いが好印象の場合、その後の関係も良好になることが多いものです。実習園の保育者全員があいさつをする対象者になります。実習担当の保育者や園長先生など接する機会が多い保育者のみではなく、普段かかわりの少ない保育者へも同様にあいさつをしましょう。

まず好印象を与えるためには、笑顔で明るく、はきはきした口調であいさつをします。各保育室をまわりながらのあいさつであれば、「失礼します」と一言添えてから入室しましょう。そして「〇〇大学の△△です。□□日間よろしくお願いします」と言って会釈をします。

子どもたちも同じです。「名前はなんていうの？」「どうしているの？」などさまざまな質問をしてくると思います。元気よく「幼稚園（保育所・認定こども園）の先生になるために勉強しているの。たくさん遊ぼうね」など表情豊かに答えましょう。あいさつは初日だけではなく実習期間を通して行うことだということも覚えておきましょう。

  もともと子どもは好きなのですが、赤ちゃんとのかかわりが心配です。これまで赤ちゃんと接する機会がなく、実際に抱っこをしたこともありません。何となくイメージはできるのですが、やはり実際にやるのは違うように感じます。

これまで赤ちゃんの存在がない環境で生活をしてきた実習生が増えてきています。少子化が進んでいるため、このような実習生は今後増加することでしょう。しかし、だからこそ体験を通した学びが生きてくるのではないでしょうか。

０歳児クラスを担当したら、まずは保育室の雰囲気に馴染むように心がけ、おだやかにゆっくりと話しかけるのがよいでしょう。もしかしたら、笑顔で話しかけてみても反応はないかもしれません。そのときは、赤ちゃんなりに「この人は何者なんだろう？」と様子をうかがっているのかもしれません。赤ちゃんは、あなたの言葉が理解できなくても"あなたの言葉の調子""あなたの雰囲気""あなたの表情"から「あなたという人」を読み取ろうとしているのでしょう。決して自分のペースでかかわろうとしないで、赤ちゃんのペースでかかわってください。雰囲気に馴染んでいくと、そばにいても赤ちゃんは落ち着いて振る舞うことができるようになっていきます。そして徐々に食事や午睡などで向き合っていくうちに親しみを抱くはずです。

好きな遊び方や好きなおもちゃを観察し、機嫌がよいときに、一緒に遊んでください。楽しい雰囲気を共有しながら過ごしていくとよいでしょう。

理論と実践の「理論」をおさえるため、再度授業で行った乳児の心身の発達過程を振り返っておきましょう。

# Part2

幼稚園・保育所・認定こども園

## 実習  に確認しておこう

# 実習初日の心得

## 元気にあいさつしよう

### すべての職員にあいさつをする

実習初日には、まず**元気よく笑顔であいさつしましょう**。これから2週間お世話になる実習担当の保育者を始め、職員のみなさん全員に「本日から○日まで実習でお世話になります。○○大学（短期大学・専門学校）の○○○○です。どうぞよろしくお願いいたします」とあいさつをしましょう。実習期間を円滑に過ごすためには、**第一印象がとても大切**です。子どもたちや保護者にはもちろんですが、保育者および職員のみなさんにもあいさつをすることで、実習のよいスタートを迎えることができます。

### 実習の始まる時間より前に着替えをすませ、余裕をもって行動する

当然のことですが、**時間厳守**が基本です。とくに、初日はいろいろわからないことも多く、戸惑うことがあると思います。そのようなことが起きてもよいように、時間に間に合うように、余裕をもって出勤し、着替えをすませ、保育室へ入ることができるように準備しましょう。これは初日だけではなく、実習期間を通して意識し行動することですが、とくに初日は気をつけましょう。

### 退勤時にもあいさつをする

出勤して実習に入るときにあいさつをするのと同様に、**退勤時にもきちんとあいさつをしましょう**。退勤時には「今日一日ご指導いただきありがとうございました。また、明日もよろしくお願いします」と言ってから退勤するようにしましょう。園長先生を始め、その日お世話になったクラスの保育者、できるかぎり多くの保育者、職員にあいさつをして退勤します。その際に、保育者に話しかけても大丈夫か、そのときの状況をよく確認してからあいさつをするようにしてください。

### 保護者や来園者にもあいさつをする

園には保育者や職員、子ども以外にも送迎にくる保護者や出入りの業者、来客など、さまざまな人がいますので、**来園者にも会釈と気持ちよいあいさつを心がけましょう**。子どもの送迎時など、もし保育の妨げにならないようであれば、保護者には「実習でお世話になっている○○○○です」と自分が誰であるのか伝えると保護者も安心できるでしょう。

# 園内についてしっかり確認しよう

### オリエンテーションでわからなかったことを確認する

オリエンテーションを事前に受け、実習に備えて準備してきたことと思います。しかし、オリエンテーションで確認できなかったこと、聞いてみたが、わからなかったことを確認しておきましょう。とくに、**出勤簿の場所、着替える場所、実習日誌の提出の仕方についてなど、実習中の細かい点**を確認しておきましょう。

### 園全体の配置の確認をする

園舎の中の**各保育室の配置**や、**給食室、トイレ、職員室**などの位置関係を確認し、把握しておきましょう。同じように、屋外の**固定遊具や砂場、倉庫**なども確認しましょう。また、生きものを飼っているか、野菜などの植物を栽培しているかなども知っておく必要があります。何歳児クラスの子どもが世話をしているのかなども把握しておきましょう。

# 子どもたちに早く名前を覚えてもらおう

実習生は子どもたちの名前を早く覚えようと意識して、子どもたちの名前を呼び、覚える努力をします。それだけではなく、実習生の名前も子どもたちに覚えてもらうことができるように、名札をつけて自己紹介をしましょう。その際には、名札の着用に気をつけましょう。名札は直接エプロンに縫いつけたり、面ファスナー※やボタンなどでつけることができるような名札も準備しておくとよいでしょう。とくに0、1、2歳児の場合、安全ピンの名札だと外れてしまった際、けがをする危険性があります。

※ 面で着脱できるファスナー。クラレの「マジックテープ®」やベルクロ社の「ベルクロ®」など。

---

**初日だからこそ気をつけたいポイント**

・緊張していると思いますが、笑顔を心がけましょう。表情がかたいと子どもたちが近くに寄ってきてくれません。

**保育者や職員・子どもたちへのあいさつ**

・相手に聞こえる声の大きさで、元気にあいさつしましょう。
・出勤、退勤時のあいさつを忘れずにしましょう。

**園内の確認しておきたい事柄**

・各保育室の配置、給食室、トイレ、職員室の場所などしっかり確認しましょう。
・職員室内の出勤簿の場所、着替えに使用できる場所（更衣室）なども確認しておきましょう。

実習初日
の
ポイント

# 実習園での
# 実習生の一日の流れ

　Part 1の「3　幼稚園・保育所・認定こども園」（p.12～）で園の基本的な一日について
は確認しましたが、ここでは実習生としての園での一日の生活を確認してみましょう。

## 幼稚園の一日の流れと実習生のかかわりを学ぼう

### 幼稚園での実習生の一日

　幼稚園は、公立幼稚園と私立幼稚園があり、6割以上が私立幼稚園です。それぞれの幼
稚園では、独自の保育理念（建学の精神）に基づいて、保育が実践されています。また園
の規模（園児数）や保育形態、通園バスや弁当、預かり保育の有無などによって一日の保
育の進め方も異なってきます。したがって**実習生は、事前に実習園の指導計画（日案な
ど）で一日の流れを確認しておく必要がある**でしょう。その日の流れと活動のねらいや援
助の意図を理解すると、自分の動きに見通しがもてるようになります。それによって、保
育者からあれこれ指示を出されることなく、能動的に次の行動ができるようになります。
しかし、指導計画（日案など）はあくまで計画のため、状況（欠席者の有無や天候など）に
よって変更されることもあることを覚えておきましょう。

### 活動の特徴

　幼稚園教育要領に明示されているように、幼稚園での中心となる活動は遊びであり、遊
びを通しての指導が望まれます。したがって中心的な活動は、遊びになります。遊びを中
心とした活動はクラス単位で行われる「**一斉活動**」と「**自由活動**」にわけられます。一般
的に、一斉活動は午前中の朝の会の後や帰りの会の前に設定されることが多いです。

　一斉活動では、保育者が中心と位置づける活動を「**主な活動**」と呼んでいます。主な活
動には、製作活動や身体表現、運動などがあり、子どもの発達や季節などを考慮しながら
設定されます。実習生の責任（部分・一日）実習もこの活動を任されることが多いです。

　独自のカリキュラムを編成している幼稚園も多いので、特徴を理解するために実習園の
情報を事前に整理してから実習に臨むようにしましょう。

　次頁の表は、「ある幼稚園の実習生の一日の流れ」です。保育者は一日の活動の見通し
をもって子どもとかかわる必要があるため、一日の流れを把握しておかなければなりませ
ん。実習生も同様であり、自分の動きを確認して見通しをもちながら実習を行いましょう。

## ある幼稚園の実習生の一日の流れ

| 時間 | 流れ | 実習生の一日の流れ |
|---|---|---|
| 8:00 | ＜実習開始＞ | ・余裕をもって出勤する。<br>・出勤簿に押印する。<br>・保育する服装に着替える。<br>・一日の流れを実習担当の保育者と確認する。また、とくに配慮すべきことがあるか確認しておく。<br>・園舎内や園庭を清掃したり、保育室を整理する。 |
| 8:30<br>〜<br>9:15 | 登園<br>自由遊び<br>片づけ | ・笑顔で「おはようございます」とあいさつをする。<br>・子ども一人一人にあいさつをして受け入れる。<br>・登園してきた子どもと一緒に遊ぶ。 |
| 9:45 | 排泄、手洗い、うがい<br>朝の会 | ・子どもたちと一緒にトイレに移動して、様子を見守ったり必要に応じて援助する。<br>・うがいの様子を見たり、一緒にうがいをしたりする。<br>・発達に沿った排泄を促す。<br>・子どもたちの様子を見ながら、一緒に元気よくうたう。 |
| 10:00 | 主な活動（製作・運動などの一斉活動や自由活動）<br>片づけ | ・子どもの活動や保育者の援助の様子を観察する。<br>・自由活動は、子どもの遊ぶ様子を観察したり、一緒に遊ぶ。<br>・保育者の指示があれば、指示通りに従う。 |
| 11:45 | 排泄、手洗い、うがい<br>昼食（当番活動、テーブル拭きなど）<br>片づけ<br>歯みがき | ・保育者から机を拭くよう指示があれば、拭くなど支度の手伝いをする。<br>・子どもたちと一緒にトイレに移動して、様子を見守ったり必要に応じて援助する。<br>・うがいの様子を見たり、一緒にうがいをしたりする。<br>・一人一人の準備の様子を観察し、まだ支度がおわっていない子どもには、個別に対応する。<br>・子どもたちと一緒に食事をとり、なごやかな雰囲気をつくることを心がける。<br>・子どもと一緒に歯みがきをする。もしくは、観察をする。 |
| 12:30 | 自由活動 | ・食べおわる時間も個人差があるので、食べている様子を観察したり、食べおわった子どもと一緒に遊んだりする。もしくは、実習担当の保育者の指示を受ける。<br>・子どもと一緒に遊びながら、観察をする。 |
| 13:20 | 片づけ<br>降園準備（排泄、手洗い、うがい、活動着から園服などに着替え）<br>帰りの会<br>あいさつ | ・子どもたちと一緒にトイレに移動して、様子を見守ったり必要に応じて援助する。<br>・うがいの様子を見たり、一緒にうがいをしたりする。<br>・帰りの支度がおわっていない子どもを援助する。<br>・子どもと一緒に絵本を見る。<br>・子どもたちと一緒に「さようなら」のあいさつをする。 |
| 14:00 | 降園 | ・「さようなら」「また明日遊ぼうね」など、今日の振り返りや明日につながるようなあいさつをする。<br>・バスに乗車できる場合は、そのバスの担当の保育者に「よろしくお願いします」とあいさつをして乗車する。<br>・保護者と保育者のやりとりを観察する。<br>・園舎内や園外などの清掃をする。<br>・「参加実習」「責任（部分・一日）実習」などに向けての教材を準備する。<br>・職員会議などに参加できる場合は、参加させてもらう。 |
| 14:00<br>〜 | 預かり保育<br>積み木やブロックなどで遊ぶ<br>（順次降園）<br>＜実習終了＞ | ・反省会をする。<br>・実習担当の保育者に「本日の実習終了となります。ありがとうございました」とお礼を言う。その後、他の保育者、事務所にいる園長や主任、各保育者にも同じようにお礼を言う。<br>・自分の荷物を整理してから、着替えをして、身だしなみを整える。<br>・帰り支度ができたら、職員室に行って「今日は実習ありがとうございました。明日もよろしくお願いします。失礼します」と帰りのあいさつをして退勤する。コートやマフラーなどは、あいさつをしてから身につけるようにする。 |

# 保育所の一日の流れと実習生のかかわりを学ぼう

## 保育所での実習生の一日

保育所保育指針で明示されているように、保育所は0～6歳までの子どもの育ちを保障し、より質の高い養護と教育の機能を発揮していくことが求められています。保育者は子どものよりよい成長のために、子どもの遊びを含む生活そのものにかかわっていきます。

実習では、**子どもとかかわったり、目で見ることで、0～6歳の子どもの著しい発達を実感**できることでしょう。また、一日の流れも年齢によって時間や配慮等が異なります。事前に、自分が実習するクラスの**デイリープログラム**を確認して、見通しをもって実習に臨みましょう。責任（部分・一日）実習の指導案を考えるときには、子どもの生活全体に目を向けながら、主な活動を生活のどの部分で、どのように行っていくのかなどを、観察実習や参加実習などで確認したり、保育者に積極的に相談するなどしていきましょう。

## 朝夕保育・延長保育なども理解しよう

保育所は原則8時間の保育ですが、近年、11時間以上の**長時間保育**を行う園も多く、保育者は出勤時間に時差をつけながら**朝夕保育・延長保育**などの体制を整えています。

実習生は基本的には通常保育を中心に実習を行いますが、開園から閉園までの一日を理解してもらうため、朝夕保育・延長保育なども実習中に経験する場合もあります。そのような場合には、事前および当日に当番の保育者と顔を合わせ、きちんとお願いしておきましょう。

また、子育て支援センターを併設している保育所では、園の状況と学生の希望により子育て支援センターでの実習を一日程度実施する機会にめぐまれることもあります。

## 日々の反省会については柔軟に対応しよう

保育所は長時間保育のため、午睡中に会議が入っていたり、保育の状況で手が離せないなど、実習の反省会は、日によって行う時間が異なることが多いものです。実習生は**指導をいただく実習担当の保育者の状況に合わせて柔軟に対応**できるように、常に心構えをし、反省会で質問したいことや話したいことを、その都度メモに残し、実習担当の保育者とよりよい反省会ができるように準備しておきましょう。反省会後、さらに質問事項など生じたら、実習日誌に書いたり、次の日の反省会で聞いてみるなどしましょう。

# 認定こども園の一日の流れと実習生のかかわりを学ぼう

## 認定こども園での実習生の一日

認定こども園では、**短時間保育と長時間保育の子どもが在籍**していますので、保育者は出勤時間に時差をつけたり、シフト勤務にするなどの調整をして保育にあたりますが、実習生は幼稚園実習の場合には短時間保育を中心に、保育所実習の場合には長時間保育を中心に実習を行うことが多いでしょう。もし、預かり保育などの時間帯の実習も行わせていただく機会があれば、積極的に経験するようにしましょう。

## ● 生活時間の異なる子どもたちへの保育者の対応を学ぼう

　認定こども園での生活では、昼食後に降園する子どもとそのまま園に残り、夕方まで過ごす子どもがいます。保育者は先に帰る短時間保育の子どもと夕方まで生活する長時間保育の子どもたちの遊びなどが途切れないようにしたり、明日にもつながるようにしたりと、さまざま援助や配慮を行っています。実習では、**保育時間の異なる子どもたちへ保育者がどのような援助や配慮を行っているのか**、また**引き続き時の対応**などについて、十分に学んで、理解を深めてほしいと思います。

　実習生の実習時間帯としては、保育所と認定こども園は共通する部分が多いので、ここでは保育所での実習生の一日の流れを例にあげます。確認しておきましょう。

### ある保育所の実習生の一日の流れ

| 時間 | 流れ | 実習生の一日の流れ |
|---|---|---|
| 7:10<br>8:10 | 朝保育開始<br>自由遊び | ・朝保育を経験させていただく場合がある。園の到着時間は、指導をいただく当番の保育者に確認し指示をいただく。<br>・余裕をもって保育所に到着して、着替えをし、身だしなみを整えて、持ち物の準備をする。準備が整ったら、事務所に行って職員にあいさつと出勤簿に押印し、実習クラスを確認して保育へ入る。 |
| 8:30 | <実習開始><br>当番引き継ぎ<br>通常保育開始 | ・実習担当の保育者に「本日の実習よろしくお願いします」とあいさつをして、今日の保育の内容や保育への参加の仕方などを確認して、指示に従って保育に入る。<br>・朝保育からいた子ども、登園してきた子どもにあいさつして、一緒に遊ぶなどする。 |
| 9:30 | 主な活動 | ・一斉活動や自由活動など、その日によって異なるため、実習担当の保育者に指示をいただきながら、保育に参加する。 |
| 11:45 | 昼食 | ・子どもの手洗いやテーブルを拭くなど、できるところで子どもとかかわっていく。<br>・食事用のエプロンと三角巾を身につけ手洗いを行い、食事準備や片づけ、援助等をする。 |
| 12:50 | 午睡 | ・この前後で、実習生は食事休憩をとることが多い。実習担当の保育者に休憩するように言われたら、時間を確認して速やかに保育室を出て休憩する。<br>・午睡は、子どもが落ち着いて気持ちよく眠れるような雰囲気を大切にして、子どものそばについたり、やさしくトントンするなどしていく。<br>・午睡の時間は、実習担当の保育者の指示で、子どもがいるときにはできないような仕事の手伝いをする。積極的に「何かすることはありますか？」と聞くようにするとよい。<br>・この時間に反省会をすることがある。 |
| 15:00 | 目覚め | ・子どもにやさしく言葉をかけて起こしたり、トイレに誘ったり、布団の片づけなどをする。 |
| 15:15 | おやつ | ・子どもの手洗いやテーブルを拭くなど、できるところで子どもとかかわっていく。<br>・食事用のエプロンと三角巾を身につけ手洗いを行い、おやつ準備や片づけ、援助等をする。 |
| 15:30 | 自由遊び | ・その日の天候や保育体制などによって、遊ぶ場所が異なることもあるので、それぞれのクラスの担任の保育者に指示をいただきながら保育に参加する。 |
| 16:00 | 順次降園 | ・お迎えの保護者が来た子どもには、「さようなら」「また遊ぼうね」等とあいさつをする。 |
| 16:45 | 当番引き継ぎ<br>夕方保育開始<br>自由遊び | ・引き継ぎをするために、一度子どもたちが集まり静かに待つように促す。<br>・当番の保育者が連絡事項等の引き継ぎが終了するまで、実習クラスの子どもといて、静かに待つように促す。<br>・当番の保育者の指示をいただきながら夕方保育の子どもたちの保育に参加する。<br>・夕方保育や延長保育等を経験させていただける場合がある。事前および当日には指導をいただく当番の保育者に「よろしくお願いします」とあいさつをしておく。<br>・引き継ぎ後のこの時間に反省会をすることもある。 |
| 17:15 | <実習終了> | ・当番の保育者に「本日の実習終了となります。ありがとうございました」とお礼を言ってから、保育の場から離れる。その後、実習担当の保育者、事務所にいる園長や主任、各保育者にも同じようにお礼を言う。<br>・実習クラスに置いている自分の荷物の整理をし、着替えをして、身だしなみを整える。<br>・帰り支度ができたら、事務所に行って「今日は実習ありがとうございました。明日もよろしくお願いいたします。失礼いたします」と帰りのあいさつをしてから、園を出る。コートやマフラーなどは、あいさつをしてから身につけるようにする。 |

# 3 自己紹介

## 自己紹介の大切さを確認しよう

　実習において自己紹介はとても大切です。幼稚園や保育所、認定こども園では、子どもたち、そして保育者を始めとする園の職員の方々が生活しています。実習生は、その中に入れてもらうことになります。立場を逆に考えてみましょう。自分が生活している場に見ず知らずの人が入ってきたら、どのように感じるでしょうか。「あの人は誰だろう？」、「何のためにここにきたのだろうか？」と、感じるのではないでしょうか。不安に思うかもしれません。私はどこの誰で、何のためにここにきたのかを伝えることで、子どもたちや保育者の方々に自分を受け入れてもらうことができるでしょう。

　**自己紹介は、良好な人間関係を築く最初の一歩**と考えましょう。子どもたちや保育者の方々との良好な人間関係なしに実習はできません。初めて出会う子どもたち、保育者の方、職員の方に自己紹介をして、気持ちのよい実習のスタートをきりましょう。

## 保育者への自己紹介のポイント

　初めて保育者の方と顔を合わせるときには、かならず自己紹介をしましょう。実習指導の責任者である園長や主任はもちろんのこと、園には、直接指導してくださる各クラス担任の保育者、このほか、看護師、栄養士、調理師、用務員等、さまざまな専門性をもつ職員の方々がいらっしゃいます。実習の初日に、職員全員が集まる場で、自己紹介する場を設けていただけることもありますが、そうでない場合には**自分からタイミングを見計らってできるだけ早い段階で自己紹介する**ようにしましょう。

　出勤時に玄関先や更衣室で保育者の方と顔を合わせることもあるでしょう。実習するクラスに入る初日の朝などには、担任の保育者と顔を合わせます。さまざまな機会をとらえて、自分から自己紹介しましょう。

**実践例　自己紹介**

　○○大学（短期大学・専門学校）の○○と申します。○月○日から○日まで実習でお世話になります。ご指導よろしくお願いいたします。

● 養成校（学校）名、氏名、実習期間をはっきりと伝え、あいさつします。
● 言葉は明瞭に、笑顔を心がけることも大切です。

# 子どもたちへの自己紹介のポイント

　子どもたちへの自己紹介は、多くの場合、実習に入るクラス全員の前で自己紹介をする時間が設けられます。子どもたちに**わかりやすい言葉で、また、親しみをもってもらえるような自己紹介**にするとよいでしょう。名前を伝えるだけでなく、たとえば、好きな食べ物や好きな遊びなどを伝えることで、子どもたちは「私も○○好き」、「○○して一緒に遊ぼう」と興味をもってくれます。また、ペープサートや手袋人形など、ちょっとした小道具を用意することで楽しい自己紹介になります。「○○先生と遊んでみたい」と思ってもらえるような自己紹介ができたら、その後の実習がきっと楽しいものとなるでしょう。

**実践例**　**実習生の楽しい自己紹介例 ① ―― 「早く仲良くなりたいな」**

　実際に実習生が行った自己紹介です。

- 新聞紙を折っておいたものをポケットに入れておきます。

- 子どもたちの前で折っておいた新聞紙を取り出し切って見せます。「こんなふうに、みんなと早く仲良くなりたいです」「たくさん遊んでね」と切った新聞紙を開いて見せます。

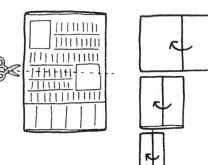

**実践例**　**実習生の楽しい自己紹介例 ② ―― 「手袋人形を使って楽しく」**

　手袋人形を使って、楽しく自己紹介しましょう。

- 好きな食べ物は……　　　「いちご」
- 好きな遊びは……　　　　「ブロック」
- 好きな動物は……　　　　「うさぎ」
- 得意なことは……　　　　「ピアノ」
- 将来は……　　　　　　　「幼稚園（保育所・認定こども園）の先生になりたいです！」

## Let's try　自己紹介の練習をしよう

**クラスメイトと一緒に、実習生役、実習園の保育者役、子ども役にわかれて、自己紹介の練習してみましょう。**

- - - - - - - - - - - - - - - - - - - - - - - - - - - - - - - - - - - - - - -

CASE ①　園の保育者の方々にあいさつをする場合

CASE ②　配属クラスの子どもたちにあいさつをする場合

# 日々のねらいの立て方

## 配属クラスを考えてねらいを立てよう

　幼稚園では3～5歳児クラス、保育所では0～5歳児クラスといったクラス編成で子どもたちは生活しています。3歳児クラスであれば3～4歳の子どもというように、多くの園では年齢ごとでクラス編成されていますが、3～6歳の異年齢でクラスを編成している園も多くなってきています。実習に入るにあたっては、どのクラスで実習するか、つまり、**配属クラスを考えた上で、日々のねらい（実習目標、実習課題などとも呼ぶ）を立てていくことが重要となります。**配属クラスは以下のようなパターンが考えられます。ほかのパターンも考えられますので、配属についてはオリエンテーション時に確認をしましょう。

### 1回目の実習

・**すべてのクラスに入る**

　各クラスを数日間ずつ回り、すべての年齢の子どもの発達を学ぶことができるような配属クラスパターンです。子どもの発達を学ぶには年齢順に各クラスを回ることが望ましいですが、園によっては5歳児クラスから年齢を下に回っていく場合や、年齢をとびとびにクラスに入る場合もあります。

・**前半は各クラスに入り、後半は固定クラスに入る**

　前半では、幼稚園であれば各クラスを1日か2日ずつ回り、保育所であれば各クラスを1日ずつ、すべての年齢の子どもの発達を学ぶことができるように配属されます。その後、後半で1つのクラスに継続的に入り、子どもとのかかわりを深めたり、保育の連続性を学ぶことができるような配属になっています。

### 2回目以降の実習

・**前半はいくつかのクラス（または各クラス）に入り、後半は固定クラスに入る**

　前半で幼稚園であれば各クラスを1日か2日ずつ回り、保育所であればいくつかのクラスを2日ずつ、あるいは各クラスを1日ずつ回り、園の生活や流れについて学んだ後、固定クラスに入り子どもたちと関係を深めていくことができるパターンです。

・**すべて固定クラス**

　同じ園で実習する場合に配属されることが多いパターンです。実習期間すべての日数を同じクラスで過ごすことにより、子どもたちとの関係性もより深まり、保育の連続性を理解した上で、責任（部分・一日）実習を行うことができます。

# ねらいを立てるときのポイント

### 実習期間中の行事や責任（部分・一日）実習を考慮してねらいを立てる

　実習中には園行事が含まれることがあります。行事では、子どもたちの様子や保育者の様子・動きが通常の保育とは異なってきます。行事でしか見ることのできないこと、学ぶことのできないことが多くあります。**日々のねらいは行事も考慮して考えるとよいでしょう**。行事についてはオリエンテーションなどで聞くことができます。また、責任（部分・一日）実習を行う日程をあらかじめ確認してねらいを立てていくことも重要です。責任（部分・一日）実習を行うために、当日までに日常の保育の中で、どのようなことを観察し学んでおかなければならないのかについて考え、日々のねらいを立てましょう。

### 実習課題を考慮してねらいを立てる

　あらかじめ実習に入る前に考えていた実習課題に沿ったねらいを立てることも忘れてはいけません。日々のねらいが実習課題とずれてしまい、課題として設定したことに取り組むことができなくては実習課題を立てた意味がありません。実習課題に取り組むことができるような、日々のねらいを立てるようにしましょう。

### 翌日に同じねらいを設定することも可能

　日々の実習のねらいを立てていても、その日に自分が設定したねらいについてかならずしも学ぶことができるというわけではありません。日々保育の中で起きることは予測がつきません。自分がこういうことを見たい、学びたいと思っていても、それを実現できるかはわかりません。できない日もあるでしょう。また、ねらいを立てていても、実際に学びたりないと思うことや、もう少しじっくり観察してみたい、学んでみたいと思うこともあると思います。そのようなときには、同じねらいを翌日にもち越しても構いません。翌日のねらいに追加して書き込んでみましょう。

### かならず事前にねらいを立てておく

　日々のねらいを立てる際に、気をつけなければいけないことは、**かならず事前にねらいを立てておく**ということです。一日の保育がおわり実習日誌を書く段階になって、今日のねらいは何にしようかと決めているのでは、ねらいの意味がありません。ねらいが決まっていることにより、その日の実習で観察・学びの視点をどこに置くのかということも決まってきます。上述のように、翌日にねらいをつけたすことは構いませんが、実習後にねらいを決めて書き込むことはやめましょう。あらかじめ決めてあることで、当日の朝、実習担当の保育者にあいさつをするとともに、「今日のねらいは○○です」と伝えることができます。当日のねらいを保育者に伝えておくことで、保育者もねらいに関することに説明をしてくださり、アドバイスをくださることにつながっていきます。

# 5 実習における観察のポイント

## なぜ観察するのだろう

　実習は、保育の現場の様子を実際に目にすることができる機会です。実習に行ったら、子どもたちがどのように過ごしているのか、保育者がどのように仕事をしているのか、じっくり見てみたいと思っているのではないでしょうか。**実習ではまず「よくみて学ぶ」ことが基本**になります。観察は、「見る」ではなく「観る」という字を使います。視界に入るものを受動的に「みる」のではなく、物事を理解するために能動的に「みる」ことが「観る」です。つまり、観察とはある物事を理解するためによく観て、察することです。察するとは、物事の状況や状態を察したり、人の気持ちを推しはかったりすることです。よく観たことの状況や状態を考えたり、そこにかかわる**子どもの気持ちや保育者の思いをとらえながら、学ぶこと**が大切です。

　また、子どもを理解することは、保育の基本です。**保育者の専門性として、子どもを観察する力を身につけていく**ことも求められます。

## 何を観察したらよいのだろう

　観察のポイントは、実習で学びたいことです。とはいっても学びたいことはたくさんありますので、観察の視点を明確に定めておくことが重要です。

　観察の対象は大きく「子ども」「保育者」「環境」の3点があげられます。一日の園生活を中心に、それぞれどのような視点で観察すればよいかを確認しておきましょう。

観察の3つの視点

**環境**
- 保育室の空間づくり：机、棚、コーナー等の配置
- 生活場面ごとの環境：集まり、昼食、午睡、遊び等
- 遊びと活動の環境：玩具、遊具、道具等
- 壁面装飾等室内の雰囲気
- 安全・健康への配慮

一日の園生活の様子

**子ども**
- 発達：基本的生活習慣、言葉、運動機能、社会性等
- 遊び：好きな遊び、遊びの様子等
- 友達：誰と、何人で、かかわりの様子等

**保育者**
- 子どもへのかかわり：個と集団のかかわり、言葉かけ、言葉以外
- 子どもへかかわり以外の仕事（動き）
- 保育者同士の連携

# どのように観察したらよいのだろう

　子どもとかかわらずに観察する方法や、子どもとかかわりながら保育に参加して観察する方法など、観察といってもさまざまな方法があります。それぞれの意味がありますが、実習園よりとくに指示がない場合には、実習は子どもとかかわる貴重な学びの機会ですので、積極的に保育に参加し子どもとのかかわりを通して観察していくようにしましょう。遠いところから観察するだけではわからない、子どもの息遣いや肌のぬくもり、やりとりの中で交わされる子どもの心に触れることで、子どもを深く理解することができます。

　以下、実習で観察するときの留意点をポイントとしてまとめましたので、確認しておきましょう。

## ➡ POINT ① 　その日の実習のねらいを踏まえて観察する

　一度にたくさんのことは観察できません。日々の実習のねらいを意識して、観察しましょう。

## ➡ POINT ② 　メモに集中しないようにする

　子どもとのかかわりより、メモを取ったり見たりすることが優先されることがないようにしましょう。子どもや保育者から目を離さないようにしたいものです。

## ➡ POINT ③ 　目の前の子どもをじっくり観察する視点と
### 　　　　　　　広い視野で観察する視点をもつ

　目の前の子どもとのかかわりを大切にしながらも、全体の様子を把握できるようにしましょう。自分自身がどの位置に身を置くかということを考えながら動くとよいでしょう。

## ➡ POINT ④ 　保育者の言葉だけではなく、
### 　　　　　　　目の配り方、さりげない動きもよくみる

　意識しなくても言葉は耳に入ってきますが、表情や動きは意識して観察していないと見逃してしまいます。言葉以上に、保育者の表情や動きには重要な意味がありますので、しっかりと観察しましょう。

## ➡ POINT ⑤ 　実習前に学んだ授業の内容を復習しておく

　子どもの発達、保育の理論等、各科目で学んだことを実習前に再度確認しておくことが大切です。養成校での学びと実際の保育がつながるような観察ができます。

# 実習日誌とは

## 実習日誌はなぜ書くのだろう

　なぜ毎日、実習日誌に記録を書かなくてはならないのでしょうか。保育者も毎日保育の記録をつけています。保育の記録には大きく2つの意味があります。1つは、保育や子どもの成長を記録に残し、その後の保育の参考にすることです。もう1つは、記録を書く作業そのものに意味があります。記録を書くという作業は、その日の子どもや保育のことを振り返る作業そのもので、この振り返りに大きな意味があるのです。保育者は記録を通して、保育中には気づけなかった子どもの思いに「○○だったのかもしれない」と考えをめぐらして子ども理解を深めたり、自身の子どもへのかかわりについて「もっとこうすればよかった」と評価、反省したりします。**記録は保育者の保育の省察を促し、保育の質を高めていくためにとても重要な仕事**の一つです。

　実習生の実習日誌も基本的には保育者の書く保育の記録と同じ意味をもっています。記録を通して、実習生も子ども一人一人の理解を深めたり、子どもへのかかわりを振り返ることができます。そして、**保育者に必要な子どもを理解する力、保育を振り返り省察する力を身につけていく**のです。また、実習生にとって実習の日々は学びの連続です。毎日、**実習体験を通して感じ、気づいたことを文章にすることで学びを整理することができます**。

　近年、保育現場ではICT化が進み、記録もタブレット端末やパソコン（PC）入力が増えてきました。実習でも一部PC作成をするところもありますが、現在ではまだ手書きが多いようです。

## 実習日誌には何を書いたらよいだろう

　では、実習日誌には何を書けばよいのでしょうか。次頁に示すように、実習日誌には、①「**時系列に沿った一日の生活の記録**」と②「**具体的な実習体験とそれに対する感想・考察・反省等の記録（自由記述形式）**」を組み合わせたものがもっとも多く見られる書式です。

　一日の生活の記録には、登園から降園（保育所の場合、実習終了）まで、時間の流れに沿って、主に子ども、保育者、実習生、それぞれの動きを記入していきます。子どもが一日をどのように過ごしていたか、その際、保育者がどのように動き援助したか、ということをよく観察し記録していくことによって、園での子どもの生活や保育者の仕事、子どもへのかかわりを学ぶことができます。また、こうした子どもと保育者の生活の中で実習生自身がどのように動いたのか、その中でどのようなことに気づいたのかを記入していくこ

**書式例**

| ○月○日○曜日　天気　晴れ　　すみれ組（4歳児）○名　欠席○名　　　指導者　○○○○　印 | | | |
|---|---|---|---|
| 今日の実習のねらい | | | |
| 時間 | 子どもの活動 | 保育者の援助 | 実習生の動きと気づき |
| | | | |

①

＜実習の体験と学び＞

②

とで、自身の一日の実習体験と学びを整理していくのです。

　次頁の実習日誌例は、子ども、保育者、実習生の3つの視点から記入できる書式となっていますが、環境構成の欄が設けられている実習日誌もあります。**保育の基本は「環境を通して行う」**ことです。実習日誌にも一日の生活のさまざまな場面での環境をよく観察し記録していくことで環境構成の学びを深めていきます。次頁の実習日誌例には環境構成の欄が設けられていませんが、「子どもの活動」欄に**環境構成図**が記録されています。実習日誌には養成校によってさまざまな書式がありますが、このように枠にとらわれず重要なことは自身で工夫して記録していくことが大切です。また、実習園の保育の方針、特徴などに合わせて柔軟に書式を工夫していくことで学びの深まる実習日誌になることでしょう。

　具体的な実習体験やそれに対する感想、考察、反省等の記録では、一日の生活の記録の中には書き切れないもっと具体的な子どもの様子、保育者の子どもへのかかわり、実習生の子どもとのかかわりについて振り返り、記述していきます。こうしたエピソード記録を通して保育を省察していくことで、子ども理解を深め、保育を深く理解していきます。

　以下は、実習日誌を書く際の基本的なポイントです。具体的には、次頁の実習日誌例を参考にしましょう。

**実習日誌は黒のボールペンなどで誤字脱字なく、ていねいに書こう**

実習日誌の書き方のポイント

・記入には黒のボールペンなどを使用する（消えてしまうペンは不可）。
・修正液や修正テープを多用しない（修正液や修正テープを不可とする園もある）。
・誤字や脱字のないよう留意するとともに、ていねいに書く。

**記入の内容は整理して、具体的に書こう**

・一日を振り返り、実習日誌に何をどのように書くのか頭の中で整理してから書き始める。
・具体的な記述を心がけ、学んだことや反省を整理し翌日の課題やねらいを明らかにする。

**実習担当の保育者からの助言をきちんとまとめ学びに生かそう**

・実習担当の保育者から直接受けた助言についてもまとめ、直接聞けなかったことなど、質問は明瞭に記入し、実習担当の保育者の回答を得やすいようにする。
・実習担当の保育者から指摘や指導を受けた箇所に関しては、翌日までに訂正する。

**実習日誌に実名は記入しない！**

・子どもやその家族のプライバシーに十分留意し、実名は記入しない。
・子どもの名前などを記入する際は、アルファベットや仮名で記入する。

# 実習日誌例 ── 幼稚園4歳児クラス

**POINT ☞**
毎日、実習のねらいを設定しよう。実習日誌もこのねらいに沿って学んだことをまとめていく。

| 6月12日（木）天候（晴れ） | 4歳児クラス にじ組 | 男児 12 名 女児 14 名 欠席 2 名 計 24 名 | 指導者氏名 ○○ ○○ 印 |
|---|---|---|---|

| 今日の実習のねらい | ・子ども同士のかかわりの様子とその援助について学ぶ。<br>・製作活動での子どもの様子と援助について学ぶ。 |
|---|---|

| 時間 | 子どもの活動 | 保育者の援助 | 実習生の動きと気づき |
|---|---|---|---|
| 8：30 | ○登園、朝の身支度<br>・元気に登園する。<br>・家での出来事を保育者に楽しそうに話す。<br>○自由遊び | ・子ども一人ひとりにあいさつをし、健康状態を確認する。<br>・子どもの話を笑顔で聞き、受け止める。 | ・笑顔であいさつをし、子ども一人ひとりを迎える。<br>・朝の身支度の様子を見守る。<br>＊子どもたちは保育者との会話が楽しそうな様子であった。 |
|  | ・身支度をすませた子どもからままごとやブロック、砂遊び等、好きな遊びを楽しむ。<br>・水を砂に混ぜ、どろどろの感触を楽しむ。<br>・Nちゃんがままごとに「入れて」と言ってきたが、「ダメよ」と言われ泣く。 | ・保育室の様子を見守りながら、子どもたちと砂遊びを楽しむ。バケツやじょうろなど砂場で水遊びを楽しめるような環境を用意する。<br>・全体の片づけより先に砂場で遊ぶ子どもたちに、着替えるよう言葉をかける。 | ＊環境によって子どもの遊びが広がることがわかった。<br>・お姉さん役として、ままごとを一緒に楽しむ。<br>・Nちゃんの悲しい気持ちに寄り添い、遊びにいれてもらえるよう援助する。<br>・子どもと一緒に片づける。 |
| 10：20 | ○片づけ<br>・片づけをがんばっているCちゃん、Sちゃんは保育者にほめられうれしそうにする。<br>○排泄<br>・トイレに行く。 | ・全体に片づけるよう言葉をかける。<br>・片づけをがんばっている子どもたちに「上手に片づけているね」とほめる。<br>・トイレに行くよう言葉をかける。<br>・ピアノで伴奏をする。 | ＊注意するのでなく、がんばっている子どもをほめることで、自分もそうしようという気持ちになることに気づいた。<br>・排泄の様子を見守る。 |
| 10：30 | ○朝の会<br>・朝の歌をうたう。<br>・あいさつをする。<br>○製作活動「デカルコマニー」<br>・保育者がデカルコマニーをやる様子を興味をもって見る。<br>・できた形を見て、それぞれ感じたことを言葉にする。<br>・意欲的にデカルコマニーに取り組む。 | ・大きな声でなく、きれいな声でうたうよう言葉をかける。<br><br>・子どもたちの前で、画用紙に絵の具をつけ、二つに折って広げて見せる。<br>・どんな形ができたか、子どもの反応を引き出しながら興味を高める。 | ・子どもたちと一緒に朝の歌をうたう。<br>・子どもたちと一緒に保育者の話を聞く。<br>・子どもたちの感想をそばで受け止める。<br>＊同じ活動でも子ども一人ひとり楽しみ方が違うことに気づいた。 |
|  | ・1色で楽しむ子、2色、3色試してみる子がいる。<br>・できた形を保育者に見せたり、友達同士見合って楽しむ。 | ・子どもたちが道具を使いやすいようにテーブルに置く。<br>・子どもたちの作品を「おもしろいね」「○○みたい」と受け止め言葉をかける。<br>・作品に子どもの名前を書き、乾燥棚に置く。 | ＊子ども一人ひとりの作品を受け止めることで、子どもたちが満足感や達成感を味わっているようであった。 |
| 11：45 | ○べんとうの準備<br>・排泄、手洗い、うがいをする。 | ・排泄、手洗い、うがいの援助をする。 | ・排泄、手洗い、うがいの様子を見守る。 |

（図：保育室の配置図　ピアノ／保／棚／乾燥棚／各テーブル絵の具（赤、青黄）、筆／ままごとコーナー／遊具／じゅうたん／個人ロッカー）

**POINT ☞**
子どもの活動、保育者の援助、実習生の動きは、内容をそろえて書こう。

**POINT ☞**
援助の留意点や意図に着目して書き込もう。

**POINT ☞**
具体的な子どもの姿を書き込もう。

**POINT ☞**
子どもの活動や保育者の援助で気づいたことや考えたことを書こう。

| 時間 | 子どもの活動 | 保育者の援助 | 実習生の動きと気づき |
|---|---|---|---|
| 12:00 | ・べんとうの準備をする。<br>・「おべんとう」の歌をうたう。<br>○べんとう<br>・保育者や友達と会話を楽しみながら食べる。<br>○自由遊び<br>・食べ終えた子どもから好きな遊びをする。<br>・ブロックやままごと、砂遊び等、午前の遊びの続きを楽しむ。 | ・お茶と牛乳を用意する。<br>・ピアノの伴奏をする。<br>・会話に夢中になりすぎている子どもに声をかけながら楽しく食べる。<br><br>・子どもたちが遊べるよう、テーブルを動かしたり、ござを敷いて遊びの空間をつくる。 | ・子どもたちとテーブルを拭く。<br>・子どもたちと一緒にうたう。<br>・子どもと会話をしながら、楽しく食べられるようにする。<br>・子どもの様子を見ながら、床の掃除をする。<br>・Fくんに誘われ、子どもたちとブロックで遊ぶ。 |
| 13:30 | ○片づけ<br>・遊んだものを片づける。<br>○帰りの会<br>・絵本「ぽちぽちいこか」を楽しむ。 <br>POINT☞ 絵本のタイトルも書き記そう。 | ・片づけるよう言葉をかける。<br><br>・子どもたちの反応を受け止めながら、絵本を読み聞かせる。 | ・子どもたちと一緒に片づける。<br><br>・子どもたちと絵本を見る。 |
| 14:00 | ○降園 | ・子どもたち一人ひとりと握手をして見送る。 | ・子どもたちを笑顔で見送る。<br>POINT☞ 具体的な実習体験を記述しよう。 |

＜実習の体験と学び＞

　「友達と誘い合って好きな遊びを楽しむ」という保育のねらいをうかがったので、今日は子ども同士のかかわりについて学ぶことを目標に実習に臨みました。中でも、午前中のNちゃんの出来事がとても印象的でした。Nちゃんはままごとで遊んでいたCちゃんたちの様子をしばらくまわりで見ていました。仲間に入りたいのかなと思い、言葉をかけるか迷いましたが、ねらいにあるようにNちゃん自ら仲間に入っていくことが大事だと思い直して見守りました。すると、Nちゃんは自分から「入れて」と言うことができました。しかし、Cちゃんから「ダメよ」と言われてしまいました。まわりの子どもたちも口をそろえて「ダメよ」と言うので、Nちゃんは泣いてしまいました。私はNちゃんの気持ちを思うと悲しくなり、Nちゃんのそばに行って「どうして」とCちゃんたちに話しかけました。すると、Cちゃんたちは「エプロンつけてないもん」と言いました。そこでNちゃんとエプロンを見つけて身につけ、もう一度「入れて」と言ってみました。Cちゃんたちはすぐに「いいよ」とNちゃんを受け入れ、楽しそうに遊び始めました。私は最初Cちゃんたちはなぜ意地悪なのだろうと思いましたが、子どもたちは子どもたちのルールがあるのだと思い直しました。また、私は、すぐに「どうして」とCちゃんたちに言ってしまいましたが、Nちゃんの口から言えるよう落ち着いて援助すればよかったと思います。子どもたちにとって同じものを身につけている、もっているということは、仲間として意識を強めるのだということにも気づきました。

　今日のもう一つの目標は製作活動の様子とその援助について学ぶことでした。今日は、デカルコマニーを子どもたちはとても楽しんでいました。しかし、こうした楽しい活動のためには、保育者の準備や援助がとても大切であることを学ぶことができました。道具は子どもたちが使いやすいようにあらかじめセッティングされていて、興味の高まった子どもたちを待たせることなく活動に取り組めるよう準備されていました。また、子どもが自ら取り組んでみたくなるような活動の導入、達成感や満足感が味わえるような受け止めや言葉かけが重要であることもわかりました。今日の学びを生かし、一日実習へ向けて事前準備や援助をしっかり考えていきたいと思います。

POINT☞ 自分の子どもへのかかわりの思いも書き込んでおこう。

POINT☞ 子どもの思いも考察してみよう。

POINT☞ 自分の子どもへのかかわりを振り返り、考えてみよう。

**Let's try 1** 実習日誌の記述を確認してみよう

下記の実習日誌は、時系列の記録の部分です。もっとよい記録にするためには、どの部分を修正したらよいか考えてみましょう。右に「修正例」と、どのように修正したらよいかのポイントを示してあります。実習日誌に記載する際にどのような点を気をつけたらよいか確認しましょう。

| 9月6日（火）<br>天候　晴れ | 1歳児クラス<br>いちご組 | 男児7名　女児5名<br>欠席2名　計10名 | 指導者氏名<br>○○　○○　　印 |
|---|---|---|---|

| 今日の実習のねらい　　・子どもの発達の様子について学ぶ |
|---|

| 時間 | 子どもの活動 | 保育者の援助 | 実習生の動きと気づき |
|---|---|---|---|
| 8：45 | ○順次登園する<br>・元気に登園する。<br><br>○保育室で遊ぶ<br>・保育室で好きな遊びをする。 | ・笑顔で子どもを迎え入れる。<br>・保護者から子どもの様子を聞き、健康状況を確認する。<br>・子ども一人一人の様子を見ながら、楽しく遊べるよう働きかける。 | ・子どもを笑顔で迎える。<br><br>・子どもと一緒に遊ぶ。 |
| 9：30 | ○排泄、手洗い、うがい<br>・保育者に誘われ、排泄をする。<br>・おまるに座る子どもやトイレを使う子どもがいる。<br>・手洗い、うがいをする。 | ・子どもに言葉をかけ、おまるやトイレに誘う。<br>・紙パンツが汚れている子どもは交換する。 | ・子どもの排泄の様子を見守る。<br>＊同じ1歳児でも排泄の発達には大きな差があることに気づいた。 |
| 9：45 | ○おやつ<br>・おやつを食べる。 | ・牛乳とビスケットを配る。<br>・「おいしいね」などの言葉をかける。 | ・子どもがおやつを食べている様子を見守る。 |
| 10：00 | ○園庭で遊ぶ<br>・砂場で、砂遊び、水遊びを楽しむ。 | ・子どもと一緒に遊ぶ。 | ・安全に留意しながら、子どもと一緒に水遊びをする。 |
| 11：10 | ○片づけ<br>・保育者にほめられて得意げにおもちゃを片づける。 | ・「上手に片づけてるね」と言葉をかけながら子どもと一緒におもちゃを片づける。 | ・子どもと一緒におもちゃを片づける。<br>＊ほめられることで片づける意欲が高まっていた。 |
| 11：20 | ○シャワー、着替え、排泄<br>・シャワーをして着替える。<br>・着替えた子どもから、排泄、手洗い、うがいをする。 | ・シャワーで子どもの体を洗う。<br>・トイレ、おまるに誘い、紙パンツを交換する。<br>・給食の配膳をする。 | ・子どもの体を拭き、着替えを手伝う。 |
| 11：50 | ○給食<br>・給食を食べる。 | ・子どもにエプロンをつける。<br>・給食を食べるのを見守りつつ、必要に応じて援助する。<br>・食べおえた子どもの口と手を拭く。 | ・子どもにエプロンをつけるのを手伝う。<br>・給食を食べるのを援助する。<br>・食べおえた場所を片づける。 |
| 12：30 | ○排泄、着替え<br>・排泄をすませ、パジャマに着替える。 | ・排泄を促し、子どもの着替えの援助をする。 | ・子どもの着替えを手伝う。 |
| 12：50 | ○絵本を見る | ・子どもたちの反応を見ながら、間をとったり、声の調子を変えて絵本の読み聞かせをする。 | ・子どもの反応を受け止めながら、一緒に絵本を見る。 |
| 13：00 | ○午睡 | | |

〜〜〜〜〜〜〜〜〜〜〜〜〜〜〜〜〜（略）〜〜〜〜〜〜〜〜〜〜〜〜〜〜〜〜〜

# 修正例

| 9月6日（火）<br>天候　晴れ | 1歳児クラス　男児7名　女児5名<br>いちご　組　欠席2名　計10名 | 指導者氏名<br>　　○○　○○　　　印 |
|---|---|---|

今日の実習のねらい　・基本的生活習慣の発達の様子について学ぶ **POINT①☞** 「今日の実習のねらい」は具体的に書く
　　　　　　　　　　・1歳児の遊びの様子と援助について学ぶ

| 時間 | 子どもの活動 | 保育者の援助 | 実習生の動きと気づき |
|---|---|---|---|
| 8:45 | ○順次登園する **POINT②☞** 動きの意図や思いも書く<br>・元気に登園する。<br><br>○保育室で遊ぶ<br>**POINT③☞** 具体的な遊びの内容を書く<br>・パズルボックス、積み木、ボールなど、好きなおもちゃで遊ぶ。 | ・笑顔で子どもを迎え入れる。<br>・保護者から子どもの様子を聞き、健康状況を確認する。<br>・子ども一人一人の様子を見ながら、楽しく遊べるよう働きかける。 | ・子どもが安心するよう笑顔を心がけ、一人一人をていねいに迎え入れる。<br>・子どもと一緒に積み木で遊ぶ。<br>＊子どもは積み木を積むことより、私が高く積み上げた積み木を崩すことを楽しんでいることに気づいた。 |
| 9:30 | ○排泄、手洗い、うがい<br>・保育者に誘われ、排泄をする。<br>・おまるに座る子どもやトイレを使う子どもがいる。<br>・手洗い、うがいをする。 | ・子どもに言葉をかけ、排泄に誘う。おまるやトイレで上手に排泄できたときは、喜ぶ。<br>・紙パンツが汚れている子どもは「きもち悪いね」と言いながらやさしく交換する。<br>**POINT⑤☞** 援助の留意点を書く | ・子どもの排泄の様子を見守る。<br>＊同じ1歳児でも排泄の発達には大きな差があることに気づいた。<br>**POINT④☞** 動きだけではなく、気づきや考察を書く |
| 9:45 | ○おやつ<br>・おやつを食べる。 | ・牛乳とビスケットを配る。<br>・「おいしいね」などの言葉をかける。 | ・子どもがおやつを食べている様子を見守る。 |
| 10:00 | ○園庭で遊ぶ<br>**POINT⑥☞** 遊びの様子にも注目して書く<br>・砂場で、砂遊び、水遊びを楽しむ。水や泥の感触を楽しんでいる。 | **POINT⑦☞** 援助の意図を書く<br>・「お水きもちいいね」など子どもに共感しながら一緒に遊ぶ。<br>・子どもの足や手に水をかけて感触を楽しめるようにする。 | ・安全に留意しながら、子どもと一緒に水遊びをする。 |
| 11:10 | ○片づけ<br>・保育者にほめられて得意げにおもちゃを片づける。 | ・「上手に片づけてるね」と言葉をかけながら子どもと一緒におもちゃを片づける。 | ・子どもと一緒におもちゃを片づける。<br>＊ほめられることで片づける意欲が高まっていた。 |
| 11:20 | ○シャワー、着替え、排泄<br>・シャワーをして着替える。<br>・着替えた子どもから、排泄、手洗い、うがいをする。 | ・シャワーで子どもの体を洗う。<br>・トイレ、おまるに誘い、紙パンツを交換する。 | ・子どもの体を拭き、着替えを手伝う。 |
| 11:50 | ○給食<br>**POINT⑧☞** 発達にも着目してさまざまな姿をとらえる<br>・スプーンを上手に使う子どもや手づかみで食べる子どもがいる。<br>・途中で眠くなってしまう子どもがいる。 | ・給食の配膳をする。<br>・子どもにエプロンをつける。<br>・給食を食べるのを見守りつつ、必要に応じて援助する。<br>・食べおえた子どもの口と手を拭く。 | ・子どもにエプロンをつけるのを手伝う。<br>・給食を食べるのを援助する。<br>・食べおえた場所を片づける。 |
| 12:30 | ○排泄、着替え<br>・排泄をすませ、パジャマに着替える。 | ・排泄を促し、子どもの着替えの援助をする。 | ・子どもの着替えを手伝う。 |
| 12:50 | ○絵本『だるまさんが』を見る<br>**POINT⑨☞** 絵本はタイトルも書く | ・子どもたちの反応を見ながら、間をとったり、声の調子を変えて絵本の読み聞かせをする。 | ・子どもの反応を受け止めながら、一緒に絵本を見る。 |
| 13:00 | ○午睡 | | |

〜〜〜〜〜〜〜〜〜〜〜〜〜（略）〜〜〜〜〜〜〜〜〜〜〜〜〜

**解説**　時系列の実習日誌の記述で、どのような部分が足りなかったか、前頁の修正例と修正のポイントから確認していきましょう。

----------------------------------------------------------------

　毎日の実習では、何を学びたいかという実習のねらいを明確にしておくことが大事です。修正前は「子どもの発達について学ぶ」というねらいが立てられていますが、発達といっても幅が広く一日で学びきれるものでもありません。修正例のポイント①のように、より具体的なねらいをもつことで、実習の学びがより具体的になり記録も充実してくるでしょう。たとえば、ポイント⑧には、生活習慣の発達に着目しさまざまな子どもの発達の姿が記録されています。またポイント③⑥には、子どもの遊びやその様子が具体的に記録されています。保育者の援助については、保育者の表面的な行動のみに着目するのではなく、援助の留意点や意図（ポイント②⑤⑦）を読み取り記録していくことが大切です。また実習生についても、動きだけでなく気づきや考察（ポイント④）を加えていくとよいでしょう。

**Let's try 2**　実習日誌の表記の誤りを見つけよう

　下記の実習日誌は、感想・考察・反省の記録部分です。文章表記として、また保育者の観点から適切でない記述を見つけ修正し、右の修正例と確認してみましょう。

----------------------------------------------------------------

　＜感想・考察・反省＞

　1歳児は思っていたよりいろいろなことができることがわかりました。昨日までは0歳児クラスで実習していたせいか、0歳児に比べるととても発達していることがわかりました。1歳の違いがこんなに大きいことに驚きました。

　午前中は、園庭に出て砂遊び。砂場の横には水をはったたらいを用意し、子どもたちはみんな喜んで水で遊んだり、水を砂場に運んで泥にして遊んだりしていました。厚かったので水遊びがとても気持ちよさそうでした。私も子どもたちと一緒に遊ばせてもらいましたがとても楽しかったです。泥だらけになって遊んだので、その後は先生がシャワーで子どもたちをきれいにした後、子どもたちの体を拭き、服に着変えさせました。給食では、午前中たくさん遊んだせいか、みんなよく食べていました。しかし、Hくんは食べている途中で眠くなってしまったのか食べるのをやめてしまいました。何度か食べさせようとしてスプーンを口までもっていったのですが、いやがられてしまい、最後は泣かせてしまいました。どうしようかと困っていたら、先生がHくんをやさしく抱いて教室の外へ連れて行きました。しばらくすると先生とHくんが戻ってきましたが、Hくんは泣きやみ、また給食を食べ始めたのでよかったなあと思いました。

　あと、お昼寝の前に絵本の読み聞かせをしている場面を見ることができ、とても勉強になりました。部分実習では絵本の読み聞かせをする予定なので、とても参考になりました。今日学んだことを部分実習でいかせるようにしたいと思います。

　今日は、1歳児クラスで初めての実習だったので、思うように動くことができませんでした。もっと積極的に自分から動けばよかったと反省しています。今日、一日の様子がよくわかったので、明日は自分から子どもとかかわり、動けるよう努力したいと思います。

# 修正例

感想・考察・反省

POINT① ☞ ＜今日の実習のねらいについて＞

POINT② ☞　今日は、「基本的生活習慣の発達の様子について学ぶ」ことと、「1歳児の遊びの様子と援助について学ぶ」ことを目標に実習しました。

　基本的生活習慣については、1歳児は思っていたよりいろいろなことができることがわかりました。昨日までは0歳児クラスで実習していたせいか、0歳児に比べるととても発達していることがわかりました。

POINT③ ☞ た。たとえば、排泄では、0歳児はオムツが中心でしたが、1歳児クラスにはおまるやトイレに座ってできる子どもがたくさんいました。また、食事でもスプーンを上手に使っていたり、着替えでは自分でパンツをはこうとする姿がありました。1歳の違いがこんなに大きいことに驚きましたが、その背景に

POINT④ ☞ は日々の生活経験の積み重ねと保育者の援助があるからではないかと考えました。先生方を見ていると、排泄では子どもが上手にできたときに心から喜んでほめたり、逆に上手にできなくてもやさしく対応するなど、子ども一人一人に根気強くていねいにかかわる姿がありました。また、同じ1歳児でも一人一人発達の状況が違うこともわかったので、明日は一人一人の様子もよく観察し学びたいと思います。

　遊びの様子については、午前中、園庭での遊びの様子を見ることができました。砂場の横には水をはったたらいを用意し、子どもたちはみんな喜んで水で遊んだり、水を砂場に運んで泥にして遊んだりしていました。DくんやHくんは、たらいの水を手でパシャパシャたたき、しぶきが顔にかかるのを楽しんでいました。しかし、近くにいたSちゃんはそのしぶきが顔にかかるのをとてもいやがって泣いてしまいました。すると、先生はSちゃんを少し離れた場所に移動させて小さなバケツに水を入れSちゃんの前に置きました。そしてSちゃんの足にそっと水をかけてあげていました。Sちゃんはとても楽しそうに笑って、先生の顔を見てはもっと水をかけてというようなしぐさをしてくり返し水をかけてもらうことを楽しんでいました。ほかにも、水を砂と混ぜてドロドロにして泥の感触を楽しむ子どももいました。同じ環境でも子どもたちは一人一人違った楽しみ方をすることがわかりました。また、保育者はそれに合わせて子どもの遊びを援助することがとても大切であることを学びました。

＜印象に残ったできごと＞

　給食では、午前中たくさん遊んだせいか、みんなよく食べていました。しかし、Hくんは食べている途中で眠くなってしまったのか食べるのをやめてしまいました。何度か食べさせようとしてスプーンを口までもっていったのですが、いやがられてしまい、最後は泣かせてしまいました。どうしようかと困っていたら、先生がHくんをやさしく抱いて保育室の外へ連れて行きました。しばらくすると先生とHく

POINT⑤ ☞ んが戻ってきましたが、Hくんは泣きやみ、また給食を食べ始めました。子どもの生活リズムは一人一人異なることがよくわかりました。私は食べさせることばかり考えてしまいましたが、このようなときは無理に食べさせるのはよくないのだと反省しました。先生の対応を見て、保育室の外に連れ出すなど少し気分を変えることで眠気が解消し、また食べる気持ちになることもあることがわかり、とても勉強になりました。

　また、午睡前の絵本の読み聞かせも大変勉強になりました。絵本の内容によって声の調子を変えたり、間を取ったり、子どもの反応を受け止めながら読み進めることでとても楽しい時間になっていました。部分実習では絵本の読み聞かせをする予定なので、とても参考になりました。今日学んだことを部分実習でいかせるようにしたいと思います。

　今日は、1歳児クラスで初めての実習だったので、思うように動くことができませんでした。もっと積極的に自分から動けばよかったと反省しています。今日、一日の様子がよくわかったので、明日は自分から子どもとかかわり、動けるよう努力したいと思います。

Let's try 2
解答

**文章表現**　①段落の始めが一文字下がっていない。②必要に応じて段落がつけられていない。③体言止めになっている（「午前中は、園庭に出て砂遊び。」）。④漢字が間違っている（×「厚かった」→○「暑かった」、×「着変え」→○「着替え」）。⑤話し言葉になっている（「〜なあと思いました。」「あと……」）。

**保育者の観点**　「教室→保育室」、「お昼寝→午睡」、「服に着変えさせました→服を着替える援助をしました」

**Let's try 2**
**解説**

感想・考察・反省などの実習日誌の記述で、どのような部分が足りなかったか、前頁の修正例から確認しましょう。

------------------------------------------------------------

　基本的な文章表記ばかりで指摘を受けていると、実習体験から学び取った重要な事柄の指導が受けられません。基本的なことで指摘を受けることがないように留意するとともに、子どもとのかかわりの中でうれしかった出来事、困った出来事、深く気づかされた出来事などを実習日誌に記述し、具体的な実習体験からの学びを整理して書きまとめることが大切です。前頁の修正例の実習日誌にさらによくするためのポイント箇所を示しています。以下にどのような部分に留意したらよいかまとめていますので、確認しましょう。

**POINT① ☞　段落をつけたり見出しをつけたりして読みやすくする**

　文章をただ書くのでは読みにくいものになったりします。内容を整理し、段落や見出しをつけて読みやすく工夫するとよいでしょう。修正例では、＜今日の実習のねらいについて＞と＜印象に残ったできごと＞の２つの見出しをつけて内容を整理しているので読みやすくなっています。

**POINT② ☞　実習のねらいや印象に残った出来事などを中心に、焦点をしぼって書く**

　修正前の実習日誌は、朝からの出来事を書き並べている印象を受けます。実習日誌にはすべての出来事を記述するスペースも時間もありません。実習日誌には、実習のねらいや印象に残った出来事などを中心に、焦点をしぼって書くようにしましょう。

**POINT③ ☞　子どもの様子を具体的に記述する**

　時系列の記録でも子どもの活動欄は具体的に記述することが大切だといいましたが、ここにはさらに具体的な子どもの様子を記述することが大切です。そのことで子ども理解が深まり、保育の省察が可能になります。

**POINT④ ☞　保育者の援助を具体的に記述する**

　保育者の援助についても、ここにはより具体的に記述していくことが大切です。時系列の欄はスペースが限られているので、保育者の援助でとくに学びとなった事柄については具体的に記述しておくとよいでしょう。

**POINT⑤ ☞　事実を記述するだけでなく子どもや保育者の具体的な記述から考察をする**

　何よりも大切なのが、具体的な子どもや保育者の様子、自身の体験から、その意味について考察していくことです。事実の記述だけでなく、その事実から保育する上で大切なこととは何か、考えて書いてみましょう。

## Let's try 3

環境構成図を描いてみよう

実習日誌には、環境構成を示すために保育室内など簡略化した「環境構成図」を描きます。ここでは室内を簡略化した図を描く練習をしましょう。

CASE ①　自分の部屋の環境構成図

CASE ②　大学の教室の環境構成図

## Let's try 3 解説

環境構成図を描くときには、どのような点に注意したらよいのでしょうか。以下にポイントと一例を示しますので確認しておきましょう。

　すべてのことに共通することですが、ていねいに描くことです。図はフリーハンドではなく定規を使いましょう。

　また、図なのでわかりやすく描くことが大切です。まず、子どもたちのロッカーや棚、ピアノなど、固定して置いてあるものを先に描きます。そして、その場面で子どもたちが使うテーブルや椅子、遊具や用具などの配置を描き込んでいきます。一つ一つ細かなものまで描き込むとかえってわかりにくくなるので、大きなくくりで表現します。

　たとえばままごとに使う鍋やちゃわん、コップなどは、「ままごと道具」として保育室のどの位置にあるのかを四角などの図形で囲んで示していくとよいでしょう。一つ一つを詳細に記録しておきたい場合は、図の欄外に文字で記入しましょう。右に保育室の環境構成図の一例を示しましたので、参考にしましょう。

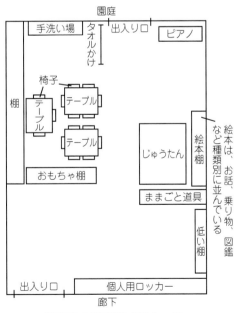

保育室の環境構成図の一例

## Let's try 4 エピソード記録を書いてみよう

**具体的な出来事から、エピソード記録を書いてみましょう。また、そのエピソード記録から考察を記述してみましょう。**

**STEP ①** 最近1週間以内にあった印象的な出来事を1つあげてみよう。取り上げる出来事は自身が書きたいと思う印象に残る出来事であればどのようなものでもよい。エピソードにはタイトルもつけてみよう。

　　取り上げる出来事の例：・家族と一緒に食事をしたこと
　　　　　　　　　　　　　・サークル活動でがんばったこと
　　　　　　　　　　　　　・友達と出かけた買い物での楽しい出来事
　　　　　　　　　　　　　・ボランティア先で観察した子どもや保育の様子
　　　　　　　　　　　　　・授業内で視聴した子どもや保育の動画での様子　など

**STEP ②** 取り上げた出来事について、エピソード記録を書いてみよう。以下、「エピソードが目に浮かばない記録例」と、具体的にわかりやすく修正した「エピソードが目に浮かぶ記録例」を記載しているので、記述の際の参考にしよう。

### エピソードが目に浮かばない記録例

> 「公園で見かけた子どもたち」
>
> 　大学に登校する途中に公園があります。いつもは子どもたちを見かけませんが、先週は登校する時間が違っていたせいか、子どもたちがたくさん公園にいて印象に残っています。子どもたちは、とても元気に遊んでいました。子どもたちの様子から、戸外で体を動かし、友達と遊ぶことが本当に大好きなのだと思いました。

### エピソードが目に浮かぶ記録例

> 「子どもにとっての遊びの楽しさと重要性」
>
> 　いつもとは異なり午後に大学へ登校することになった日、通り過ぎる公園で小学生の子どもたちが遊んでいました。とても楽しそうに遊んでいたので思わず足を止めて見入ってしまいました。女児たち5人のグループは、総合アスレチック遊具で遊んでいました。急な坂を手を使わずに登ることに挑戦しているようでした。手を使わずに登るのはむずかしい様子でしたが、何度も何度も繰り返し挑戦していました。
>
> 　得意な一人の女児がコツを仲間に伝え、一人、二人と上手に登れるようになる中、一人だけ登れない子どもがいました。少し涙を浮かべているように見えましたが、まわりの子どもたちが「もう少し」「がんばれ」と応援してくれる中、力を振り絞り思い切り助走をつけて斜面めがけて走っていきました。何とか登りきった女児をまわりの子どもたちは頂上で迎え入れ、自分のことのように喜ぶ友達の姿がありました。女児も満面の笑みで自信にあふれていました。

**STEP ③** STEP ②で記述したエピソード記録から、どのような気づきがあったかなどの考察を記述してみよう。次に上記の「エピソードが目に浮かぶ記録例」の考察の例を掲載しているので、記述の際の参考にしよう。

考察

　子どもにとっての遊びはとても楽しいものであることがあらためて感じられました。簡単なことよりも少しむずかしいことにチャレンジすることの楽しさを味わっているようでした。友達の存在もまた遊びをより楽しいものにしているのではないかと思います。また、遊びは楽しいだけでなく、子どもの発達においてもとても重要であることがこの場面から読み取れました。斜面を登る遊びでは、子どもたちの運動機能の発達が期待できるだけでなく、友達への思いやり、がんばる力が育まれているのではないかと考えます。小学生以上の子どもたちにとっても遊びは重要で、子どもたちが自由に遊べる時間や安全に遊べる環境が必要であると思いました。

STEP ④　STEP ②③で記述したエピソード記録と考察を仲間同士で読み合い、わかりやすい記述やわかりにくい記述はどこか、また考察の記録について話し合い、意見交換してみよう。

Let's try 4

解説　　エピソード記録は、どのような点に気をつけて記述すると、具体的でわかりやすい記述となり、考察も深まるのか、確認をしましょう。

- - - - - - - - - - - - - - - - - - - - - - - - - - - - - - - - - - - - - - - - -

　エピソード記録は、具体的な出来事を詳細に記述する中から、考察を深めていくことが大切です。例のように表面的で簡単な記録では、その中にある重要な意味を考えていくことができません。考察を深めていくための具体的なエピソード記録を書くポイントを確認しましょう。

**POINT① ☞　その場にいなかった人がわかるように書く**

　エピソード記録は、具体的なエピソード（出来事）を記述します。どのようなエピソードなのか、その場にいなかった人でもその出来事が目に浮かぶような記述を心がけましょう。そのためには、下記の５Ｗ１Ｈを意識して書くとよいでしょう。

Who（誰が）　When（いつ）　Where（どこで）　What（何を）　Why（なぜ）　How（どのように）

　このように具体的に書きます。詳細に記録することで、その場にいなかった人もイメージできる記録になるでしょう。

**POINT② ☞　心に残る出来事を記述する**

　エピソード記録は自分の心に残った出来事を記述することが大切です。つまり、心に残る出来事に出会うということが大切です。さまざまなことに関心をもって目を向けていきましょう。ぜひ、記録にとどめたいと思うような心動かされる体験を大切にすることがエピソード記録を書くポイントです。記録のための実習ではなく、実習体験の充実がよい記録につながることを覚えておきましょう。

# 7 指導案とは

## 指導案はなぜ書くのだろう

　指導案とは、責任（部分・一日）実習の際に実習生が立案する指導計画のことです。責任（部分・一日）実習とは、一日の中のある時間帯、あるいは一日すべてを保育者に代わって実習生が主となり保育することを学ぶ実習のことです。保育は、子ども理解に始まり、子ども理解に基づいた計画の立案、計画に基づいた保育実践、保育の評価・反省の一連の過程により成り立っています。**実習の前半で子どもの理解を深め、実習の後半には実際の子ども理解に基づいた計画の立案と実践、評価・反省までを体験的に学ぶのです。**

　指導案は、基本的には保育の指導計画と同様に作成すればよいのですが、短い実習期間の中で、実習生という立場で行う責任（部分・一日）実習の計画立案であることを踏まえ、以下のことに留意して作成するようにしましょう。

**指導案作成の前に確認しておくこと**

- 実習園の保育方針をあらためて確認しておこう
- 責任（部分・一日）実習の日程、内容を確認！
- 実習園の指導計画（月案・週案）を見せていただこう
- 指導案の提出日は？
- 指導案は何部作成する？
- 指導案の用紙は指定のものがあるの？

---

**実習担当の保育者との相談は綿密に！**

　自分なりに考えたことを相談して、実習担当の保育者から助言をいただきましょう。助言を得て、指導案は何度か修正していきます。

**かならずシミュレーションを！**

　どんなふうに活動を展開していくのか、実際の保育をシミュレーションしてみましょう。製作物は実際につくってみることが必要です。

指導案作成のポイント

# 指導案作成のポイントを学ぼう

指導案の用紙にはさまざまな形式があります。以下はよくある指導案の形式です。それぞれの記入欄に記入のポイントが示してあるので確認しておきましょう。

○月○日（○）　　○○組（○歳児）○名　　　　担任保育者氏名○○○○　実習生氏名○○○○

**＜子どもの実態＞**

● 日々の実習の中でとらえたクラスの状況や子ども一人一人の発達、また興味、関心を整理し書きまとめましょう。

＊自分が担当する時間帯に見られる子どもの姿を中心にまとめておくとよい。

＊短い実習期間の中で子どもを理解するには限界がある。実習前から子どもの一般的な発達の姿やその時期の保育の様子を学習しておくことも大切である。

［子どもの姿を見るポイント］
　＊基本的生活習慣の発達
　＊遊びの様子
　＊友達とのかかわりの様子

**ねらい**

● 子どもの姿から、子どもにどのような経験をしてほしいか、どのように育ってほしいかを具体的に書きます。

＊保育内容（3つの視点、5領域）を参考に、子どもの育ちをとらえる。

＊子どもが無理なく達成できる「ねらい」にする。

＊子どもが主語となるように書く。

**内容**

● ねらいを達成するために、子どもが経験する内容を具体的に書きます。

＊ねらいと同様、子どもが主語となるように書く。

［記入例］
ねらい：マラカスづくりを通して、音に興味をもつ。
内　容：友達とマラカスづくりを楽しむ。
　　　　つくったマラカスで音当てゲームを楽しむ。

| 時間 | 環境構成 | 予想される子どもの活動 | 援助の留意点 |
|---|---|---|---|
| ● 予想される時間配分を書きましょう | ● 活動を行う際に必要なものを書き出したり、それをどのように準備するかを具体的に書きましょう。<br>● 物的環境だけでなく、空間づくりや雰囲気、安全面への配慮なども考えて書きましょう。<br>＊環境構成図を活用してわかりやすく書く。<br>［記入例］<br>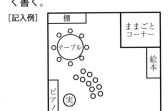 | ● 時系列に沿って、予定している子どもの生活、活動を書きましょう。<br>＊子どもの活動をただ羅列するだけでなく、子どもたちがどのような反応や行動をするのか、さまざまな角度から具体的な姿を予想しておく。<br>＊大項目と小項目にわけて書くなど、見やすく書く工夫をする。<br>［記入例］<br>○パネルシアター　「あめふりくまのこ」を見る。<br>・人形の動きを楽しみながら見る。<br>・知っている箇所は一緒にうたう。 | ● 予想される子どもの姿から、必要な援助とその留意点を具体的に考えて書きましょう。<br>＊だらだらと書くのではなく、要点をつかんで書く。<br>＊子どもが主体的に活動できるような援助を考える。<br>＊「どのような点に留意するのか？」「なぜその援助をするのか？」援助の留意点や意味について書くようにする。<br>＊中心となる活動は、導入、展開、まとめを考える。 |

時間、環境構成、予想される子どもの活動、援助の留意点は、その内容がそれぞれ対応するようにそろえて書く。

実際の指導案とはどのようなものなのでしょうか。次頁より、幼稚園・保育所・認定こども園における部分実習、一日実習の指導案の実例を示してあります。それぞれの指導案には、具体的なポイントも示してあるので、一つ一つ確認してみましょう。

**POINT☞** 午睡前の子どもたちの姿をとらえよう。

| 9月7日（火） メロン組（2歳児）18名（男児8名 女児10名） | | 実習生氏名 ○○○○ |
|---|---|---|

| **＜子どもの実態＞** | ねらい | ・絵本『もこもこ』を見て言葉の響きを楽しむ。 |
|---|---|---|
| ・リズム遊びが好きで、保育者がする簡単な手遊びを毎日楽しんでいる。<br>・午睡前には毎日、保育者に絵本を読んでもらうことを楽しみにする姿がある。動物、乗り物などが出てくる絵本や言葉の響きのよい絵本を好んで見ている。 | 内容 | ・絵本『もこもこ』を見ることを楽しむ。 |

**POINT☞** 絵本から何を感じ、何を楽しんでほしいのかを考えよう。

**POINT☞** 午睡前にゆったりと絵本が見られる環境を考えよう。

| 時間 | 環境構成 | 予想される子どもの活動 | 援助の留意点 |
|---|---|---|---|
| 12:30 | 保育室<br>道具棚／布団<br>手洗い場／ゴザ<br>トイレ／じゅうたん／着替え<br>配膳ワゴン | ○手遊び「頭の上でパン」<br>・実習生のまねをして、手遊びを楽しむ。 | ・まだ覚えていない手遊びなので、動作は大きく、子どもたちがまねしやすいようにゆっくりと見本を見せる。<br>・子どもたちの顔を見ながら、子どもたちのペースに合わせて一緒に楽しんで行う。 |
| | ・ゴザを敷いて、子どもたちが落ち着いて絵本を見るスペースをつくる。<br>・絵本『もこもこ』を用意しておく。 | ・実習生がどんな絵本を読んでくれるのか、楽しみにする。 | ・子どもたちが集中したころを見計らって、「今日の絵本は何かな」と子どもの興味がわくように語りかける。 |
| 12:35 | ・子どもたちはゴザの上に座り、実習生は子どもの椅子に座って、子どもたちから絵本が見やすい高さになるようにする。<br>・絵本を読み聞かせる前に、子どもたち全員、絵本が見えているかを確認する。 | ○絵本『もこもこ』<br>・初めて見る絵本に、興味をもって表紙を見つめる。<br><br>・絵本を楽しんで見る。 | ・絵本を背中から出して「今日は、『もこもこ』という絵本を読みます」と言って、表紙を見せてから始める。<br>・言葉は明瞭に、子どもが聞きやすい声の大きさに留意して読むようにする。<br>・子どもの反応を見ながら、子どものペースに合わせて絵本を読み進めていく。 |
| | | **POINT☞** 絵本の特徴を生かした援助を考えよう。<br><br>・「もこもこ」等と一緒に声を出しながら、言葉の響きを楽しむ。 | ・絵と言葉の響きを子どもと一緒に楽しみながら進めていく。<br>・絵本を読みおえた後は、子どもの反応を受け止め、絵本の余韻を楽しむようにする。 |
| | | ・「もっと見たい」と言う。<br><br>・楽しかった言葉をくり返してみたり、絵を指差してみたりする。 | ・子どもからもう一度見たいという思いが感じ取れたら、子どもと一緒にもう一度絵本を振り返りながら見る。楽しかったページなどはゆっくり見て、子どもと楽しい思いを共感するようにする。 |
| 12:45 | | | ・子どもたちが満足したところで、絵本をおえる。 |
| | | ・自分の布団に入る。 | ・落ち着いた気持ちで午睡に入れるよう「楽しかったね、そろそろ寝ましょうね」と静かに言葉をかける。 |

# 部分実習（幼稚園・５歳児クラス）
## ── 帰りの会

５月12日（木）　きりん組（５歳児）26名（男児15名　女児11名）　　　　実習生氏名　　○○○○

| | | |
|---|---|---|
| **＜子どもの実態＞**<br>・時間になると、片づけや身支度等、自ら進んで行い、見通しをもって生活している。<br>・友達と一緒に遊ぶことを喜び、登園すると好きな友達と誘い合って遊ぶ姿が見られる。４月にクラス替えがあり、新しい友達との関係を築きつつある。<br>・園庭のだんご虫やありなど虫に興味をもつ子どもが多く、虫探しをして遊ぶ姿がある。 | ねらい | ・いろいろな友達とふれあって遊ぶ楽しさを味わう。 |
| | 内容 | ・ゲーム「虫取りにいこうよ」（「猛獣がりにいこうよ」のアレンジ）を楽しむ。<br>**POINT ☞**<br>子どもの興味に合った活動内容を考えよう。 |

**POINT ☞** 次の活動に見通しをもち、楽しみにできるような援助にしよう。

**Part 2　実習　中**

| 時間 | 環境構成 | 予想される子どもの活動 | 援助の留意点 |
|---|---|---|---|
| 13:15 | 保育室<br>（図：ピアノ、実、椅子、テーブル、子ども用ロッカー、子どもは実習生の前の床に座る）<br><br>・子どもたちが自由に動けるよう椅子とテーブルは端に寄せておき、広い空間をつくっておく。 | ○片づけ<br>・自分たちで協力して片づけをする。<br>・まだ遊びたそうにする子どももいる。<br>○排泄、手洗い、うがい<br><br>○実習生の前に座る。 | ・帰りの時間であることを伝え、片づけをするよう言葉をかける。<br>・帰りの会で楽しいゲームをすることを伝え、気持ちを切り替えられるようにする。<br>・片づけがおわったら、排泄、手洗い、うがいをするよう伝える。<br>・排泄をすませた子から実習生の前に座るよう言葉をかける。 |
| 13:30 | | ○手遊び「やおやのおみせ」をする。<br>・やおやや、すしやにあるものを考えながら手遊びを楽しむ。<br>○ゲーム「虫取りにいこうよ」をする。<br>・実習生の動きを見て、まねる。<br>・実習生の説明を聞き、自分なりに動いてみる。 | ・子どもたちが全員集まるまで、手遊びをしながら楽しい雰囲気をつくって待つ。<br>・子どもの状況に合わせ、やおやをすしや等にアレンジして変化をもたせ楽しめるようにする。<br>・全員集まったら、「今日は楽しいゲームをします」とゲームを始める。<br>・初めに実習生が子どもたちの前でうたいながら動いてみせる。<br>・子どもたちに立つよう言葉をかけ、一緒にうたいながら動きを伝える。<br>・実習生が言う虫の名前の文字を数え、その数と同じ人数のグループをつくることを伝える。 |
| 13:35 | **POINT ☞**<br>子どものさまざまな姿を予想しておこう。 | ・最初はルールがわからない子どももいるが、実習生の言葉や友達の動きに合わせる中で少しずつ理解する。<br>・ルールを理解し、いろいろな友達とグループになることを楽しむ。 | ・最初は２文字の虫から始める。子どもの理解の状況を見て、必要ならば「２人組ですよ」と言い、わかるようにする。<br>・ルールが理解できたら、虫の名前のみを伝えて子どもたちが何人グループになるかを考えられるようにする。<br>・グループづくりでは、グループに入れない子どもがいないかどうか注意しながら、言葉をかけたり必要に応じて実習生も入るようにする。<br>・いろいろな友達とのふれあいが楽しめるように留意しながら進める。 |
| 13:50 | **POINT ☞**<br>次の活動につながるようなおわり方にしよう。 | ・最後は、グループではなく１人になることに驚いたり、おもしろがったりする。<br><br>・その場で静かに座る。 | ・子どもたちが十分に楽しんだら、最後の１回であることを伝え、最後は「蚊」で１人になっておえるようにする。<br>・子どもたちに座るように言葉をかけ、担任の保育者に引き継ぐ。 |

**指導案例③ 一日実習（保育所）—— 5歳児クラス**

**POINT☞** 子どもの実態を生活、遊び、友達の視点から具体的にとらえよう。

| 2月11日（水） | | 実習生氏名　○　○　○　○ |
|---|---|---|
| 5歳児　ひまわり組　24名（男児11名、女児13名） | | 担任保育者　○　○　○　○　先生 |

<子どもの実態>
・4歳児に動物の世話の仕方（当番活動）を教えるなど、年長児としての自覚をもち、自信をもって園生活を過ごしている。
・就学を控え、小学生になることに期待をもって生活する姿が見られる。文字などにも関心を示している。
・遊びでは、クラスの仲間と協力し、博物館見学で見た大きな恐竜を何日もかけてカプラでつくることに取り組んでいる。また、サッカーやドッジボール、ドロケイなど仲間と誘い合って集団遊びを楽しむ姿がある。

**ねらい**
・クラスの仲間との絆を深め、園生活を楽しむ。
・カルタづくりを通して、文字に関心をもつ。

**POINT☞** 子どもの実態に合ったねらいにしよう。

**内容**
・仲間と協力してカプラ製作を楽しむ。
・仲間と誘い合って集団遊びを楽しむ。
・カルタづくりを楽しむ。
・カルタ遊びを楽しむ。

| 時間 | 環境構成 | 予想される子どもの活動 | 援助の留意点 |
|---|---|---|---|
| 8:30 | ・保育室の窓を開け、換気をしておく。<br>保育室<br>（カプラ／折り紙リリアン／棚／道具棚／ラキュー）<br>・カプラは続きがしやすいよう、カプラの箱を出しておく。 | <登園><br>・順次登園する。<br>・荷物をロッカーにかける。<br>・タオルをタオルかけにかける。<br><自由遊び><br>・朝の身支度をおえた子どもから好きな遊びをする。<br>・カプラで恐竜づくりの続きをする。<br>・ラキュー、リリアン、折り紙等で遊ぶ。 | ・早朝保育に来ている子どもを迎えにいく。<br>・子ども一人一人にあいさつし、笑顔で迎え入れる。このとき、子どもの心身の健康状態をしっかり観察する。<br>・楽しく遊べているか一人一人よく見ながら一緒に遊ぶ。 |
| 9:00 | ・園庭には、サッカー、ドッジボールができるよう、状況に応じて白線を引く。<br>・雨の場合には、保育室で遊べるよう、すごろく、コマを用意する。<br>・テラスに、ウサギの餌のキャベツとにんじんを切るためのテーブルをセッティングする。<br>・包丁は実習生が管理をし、使うときだけ出すようにする。<br><br>**POINT☞** 危険を伴う道具の管理には十分に気をつけよう。 | ・友達と誘い合って、サッカー、ドッジボール、ドロケイなどを楽しむ。<br>・雨の場合には、保育室ですごろくやコマ回しをして遊ぶ。<br><当番活動：ウサギの世話><br>・当番の子どもは実習生と一緒にウサギの世話（餌やり、掃除）をする。<br>・自信をもって、4歳児の子どもにウサギの世話の仕方を教える。<br>・手洗いをする。 | ・9時を過ぎたら、園庭に出て遊べることを伝える。<br>・子どもたちと一緒に、サッカーやドッジボール、ドロケイを楽しむ。<br>・当番の子どもにウサギの世話をするよう言葉をかける。<br>・当番の子どもと一緒に4歳児の子どもに伝えにいく。<br>・餌やりと掃除は、子どもたちに任せ見守るようにするが、包丁の扱いには十分留意し、目を離さないようにする。<br>・手洗いは石けんを使い、指の先までよく洗うように、状況に応じて言葉をかける。 |
| 9:50 | | <片づけ><br>・仲間と協力して使っていた遊具を片づける。 | ・「片づけましょう」と言葉をかけ、自分たちで片づけられるよう見守る。<br>・排泄、手洗い、うがいをするよう言葉をかける。 |

**POINT☞** 何について援助するのか書き込もう。

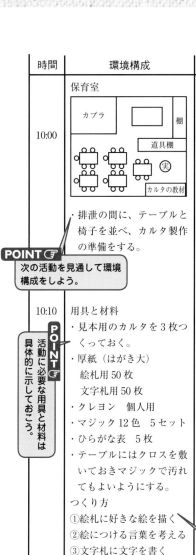

| 時間 | 環境構成 | 予想される子どもの活動 | 援助の留意点 |
|---|---|---|---|
| 10:00 | 保育室<br>カプラ／棚<br>道具棚<br>⑨<br>カルタの教材<br><br>・排泄の間に、テーブルと椅子を並べ、カルタ製作の準備をする。 | ＜排泄、手洗い、うがい＞<br>・排泄、手洗い、うがいをする。<br>・好きな場所に座る。<br>＜朝の会＞<br>・実習生の後に続いて「おはようございます」とあいさつをする。<br>・名前を呼ばれたら元気よく返事をする。<br><br>・欠席の友達のことを気にかけ、心配する。 | ・椅子に座るよう言葉をかける。<br>・子どもたちの顔をよく見て明るく「おはようございます」とあいさつをする。<br>・一人一人の名前を呼んで出席をとる。名前を呼ぶときは一人一人しっかり目を合わせるようにする。<br>・風邪などで欠席の子どもがいる場合には、「早く治るといいね」と、欠席の子どもにも関心が寄せられるよう言葉をかける。 |
| 10:10 | 用具と材料<br>・見本用のカルタを3枚つくっておく。<br>・厚紙（はがき大）<br>　絵札用50枚<br>　文字札用50枚<br>・クレヨン　個人用<br>・マジック12色　5セット<br>・ひらがな表　5枚<br>・テーブルにはクロスを敷いておきマジックで汚れてもよいようにする。<br>つくり方<br>①絵札に好きな絵を描く<br>②絵につける言葉を考える<br>③文字札に文字を書く<br>絵札<br>文字札 | ＜カルタ製作＞<br>・手づくりカルタを見て、「カルタだ」と興味を示す。<br><br>・カルタの文字を読んだり、絵を見て感じたことを口にする子どももいる。<br>・実習生がつくったと聞いて、自分もつくりたいという子どもがいる。<br>・つくりたいという気持ちが高まる。<br>・実習生の説明を聞く。<br><br>・思い思いに好きな絵を描く。<br><br>・何を描いてよいかわからず、なかなか取り組めない子どももいる。 | ・「これはなんでしょう」と、つくっておいたカルタを背中から出し、興味がもてるよう子どもたちに見せる。<br>・「そう、これは先生がつくったカルタです」と言って、つくってきたカルタを2〜3枚見せる。子どもたちの好きなものを絵にして、子どもたちの関心が高まるようにする。<br>・子どもの関心が高まったところで、「みんなでつくってカルタ大会をしよう」と言葉をかける。<br>・見本を見せながら、カルタのつくり方を説明する。<br>＊厚紙は縦置きに使うよう、紙の向きを伝える。<br>＊絵はマジックでもクレヨンでも好きなものを使って描いてよいことを伝える。<br>＊カルタにつける言葉は絵に関係した言葉をつけることを伝える。<br>・テーブルごとにマジック、厚紙を配る。<br>・クレヨンを使いたい子どもはロッカーから自分のクレヨンをもってくるように伝える。<br>・なかなか絵が描けないでいる子どもがいる場合には、そばに行って一緒に考えたり、友達が何を描いているのかを見たりして、具体的なイメージがわくように働きかける。 |

**POINT ☞** 次の活動を見通して環境構成をしよう。

**POINT ☞** 活動に必要な用具と材料は具体的に示しておこう。

**POINT ☞** つくり方はポイントをおさえて、図なども活用して書いておこう。

**POINT ☞** 製作活動はつくり方のポイントを書き出しておこう。

**POINT ☞** 思い描いたように動かない子どもの様子も予測しておこう。

POINT ☞
子ども一人一人の発達を
踏まえた援助を考えよう。

| 時間 | 環境構成 | 予想される子どもの活動 | 援助の留意点 |
|---|---|---|---|
| | ・できた作品の裏には子どもの名前を書き、子ども同士が作品を見合うことができるよう天井に渡したひもにつるして飾る。 | ・実習生と一緒に、描いた絵につける言葉を考える。 | ・絵が描けた子どもから、どんな言葉をつけたいか聞き、できるだけ子どもの発想を大事にしながら引き出すようにする。<br>・子どもが考えた言葉のおもしろさを受け止めながら、楽しんで行えるようにする。 |
| | | ・自分で文字を書きたい子どもはひらがな表を見ながら自分で書く。<br>・文字を自分で書くことに負担を感じる子どももいる。<br>・友達の作品を見て、感想を言う。<br>・もっとつくりたいと言って、2枚、3枚とつくる子どももいる。 | ・文字を自分で書きたい子どもには、ひらがな表を見て書けるよう援助する。また、文字を書くことが負担にならないよう、書けない子どもには実習生が書くようにする。<br>・友達のよさを認め合うことができるよう、言葉をかけるようにする。<br>・もっとつくりたい子どもには、何枚でも自由につくることができるよう、厚紙を置いておく。 |
| 11:00 | ・カプラ、ラキュー、リリアン、折り紙等で遊べるようにする。 | ・ゆっくりと時間をかけてつくる子どももいる。<br>・カルタづくりに満足した子どもから片づけて保育室で遊ぶ。<br>・もっとやりたいという子どももいる。 | ・子ども一人一人のペースを大切にしながら、じっくりと取り組める時間を保障する。<br>・子どもたちが満足したころを見計らって、排泄、手洗いをするよう言葉をかける。<br>・もっとやりたいという子どもがいたら、午後も続きができることを伝える。 |
| 12:00 | ・テーブル拭きを用意する。<br>保育室 | <排泄、手洗い、うがい><br>・排泄、手洗い、うがいをする。<br><給食の準備><br>・当番の子どもは、テーブル拭き、配膳をする。 | ・当番の子どもたちに、給食の準備をするよう言葉をかける。 |
| 12:15 | | <給食><br>・「いただきます」のあいさつをする。<br>・実習生や保育者、友達と会話を楽しみながら給食を食べる。<br>・午後にカルタ大会をすることを楽しみにする。 | ・全員の準備が整ったら、当番を前に呼び、「いただきます」のあいさつを促す。<br>・子どもたちとの会話を楽しみながら、給食を食べる。<br>・保育室に飾ってある手づくりカルタを一緒に眺めながら、午後に予定しているカルタ大会を楽しみにできるようにする。 |
| 12:45 | 保育室 | | |
| 13:00 | ・じゅうたんを敷いて、寝転がれるようなスペースをつくる。<br>・絵本はゆったりと見られるよう、ゴザを敷く。 | <歯みがき><br>・食べおえた子どもから歯みがきをする。<br><休息><br>・絵本を見たり、パズル等をして静かに過ごす。<br>・疲れた子どもは、じゅうたんの上で横になり、休息する。 | ・食べおえた子どもから歯みがきをするよう言葉をかける。<br>・ゆったりと過ごせるよう静かな雰囲気をつくる。 |

POINT ☞
製作ではできた作品をどうするかも考えておこう。

POINT ☞
子ども一人一人ペースが異なることも予想しておこう。

106

| 時間 | 環境構成 | 予想される子どもの活動 | 援助の留意点 |
|---|---|---|---|
| 14:00 | プレイルーム<br><br>（ビニールテープ／カルタ の図）<br><br>・子どもたちが並ぶ位置が わかるよう白いビニール テープを貼っておく。<br>・カルタは偏らないように 並べる。 | ＜カルタ大会＞<br>・カルタ大会を楽しみにしな がら、プレイルームに移動する。<br>・自分たちがつくったカルタを楽 しむ。<br><br>**POINT☞**<br>子どもの思いも予想して みよう。<br><br>・カルタを取れた子どもは喜ぶ。<br>・なかなかカルタが取れずに悔し がる子どももいる。<br>・もっとやりたいという子どもも いる。 | ・子どもの体調を見て、疲れている 子どもにはじゅうたんの上で休む よう言葉をかける。<br>・手づくりカルタでカルタ大会をす ることを伝え、プレイルームに移 動する。<br>・カルタ大会のルールを説明する。<br>＊白い線の上に並ぶ。<br>＊実習生がカルタを読み上げる。<br>＊見つけたらカルタを取る。<br>＊友達を押してはいけない。<br>＊一番たくさん取れた人が勝ち。<br>・カルタはゆっくりと読み上げる。 状況に応じて、くり返し読み上げ る。<br>・カルタを取れた喜び、取れない悔 しさに共感しつつ、みんなが楽し めるよう留意する。<br>・1回でおわりにするが、もっとや りたい子どもには、保育室で続き をするよう言葉をかける。 |
| 14:45 | | ＜排泄、手洗い、うがい＞<br>・排泄、手洗い、うがいをする。 | ・手洗い、排泄、うがいをするよう 言葉をかける。 |
| 15:00 | ・おやつは給食時と同じよ うにテーブルを並べる。<br>保育室 | ＜おやつ＞<br>・友達と会話を楽しみながらおや つを食べる。 | ・会話をしながら楽しい雰囲気の中、 おやつを食べられるようにする。 |
| 15:30 | （カプラ／棚／棚／カルタ遊び スペース／カルタの 材料・用具 の図）<br><br>・テーブル、椅子を端に寄 せて、カルタを楽しめる スペースをつくる。<br>・カルタづくりができるよ う、材料、用具等を置い ておく。 | ＜自由遊び＞<br>・おやつを食べおえた子どもから 保育室で好きな遊びをする。<br>・友達と誘い合い、手づくりカル タで遊ぶ。<br>・午前中のカルタづくりの続きを したがる子どもがいる。<br><br>**POINT☞**<br>午前中の遊びの続きができ る環境も必要なときがある ので配慮しよう。 | ・子どもたちと一緒に遊びを楽しむ。<br><br>・カルタづくりをしている子どもた ちには、必要に応じて文字の書き 方の見本を見せたり、書き方を伝 えるなどの援助を行う。 |
| 17:00 | | ＜降園＞<br>・迎えの来た子どもから順次、降 園する。<br><br>・延長保育の子どもは、帰り支度 をして、保育室を移動する。 | ・連絡帳を忘れないよう、子どもに 言葉をかける。<br>・一人一人、目を合わせあいさつを して見送る。<br>・延長保育の保育室に子どもたちと 移動する。 |

POINT☞ 子どもたちが動きやすいよ うな環境づくりをしよう。

POINT☞ ゲームのルールはポイントをわか りやすく書いておこう。

# 一日実習（幼稚園）
## ── 4歳児クラス

| 6月8日（木） | | 実習生氏名 | ○ ○ ○ ○ |
|---|---|---|---|
| 4歳児　すみれ組　26名（男児12名、女児14名） | | 担任保育者 | ○ ○ ○ ○ 先生 |

| ＜子どもの実態＞ | ねらい | ・友達と遊ぶ楽しさを味わう。<br>・遊びに必要なものを自分でつくって遊ぶ。 |
|---|---|---|
| ・着替えや片づけ、身のまわりのことは何でも自分でしようとする姿が見られ、保育者の援助もほとんど必要としない。<br>・遊びの面では、ままごとやパーティーごっこなど友達と誘い合ってごっこ遊びを楽しむ姿がよく見られる。先週から、お店屋さんごっこが始まり、友達と売ったり、買ったりするやりとりを楽しんでいる。<br>・また、園庭で裸足になって砂遊びを楽しむ姿が見られる。暑い日には水を使って、泥の感触を全身で楽しんでいる。 | 内容 | ・友達と誘い合って一緒に遊ぶ。<br>・かばんづくりを楽しむ。<br>・つくったかばんをもってお店屋さんごっこを楽しむ。<br><br>POINT ☞ 子どもの遊びが発展していくような活動を考えよう。 |

| 時間 | 環境構成 | 予想される子どもの活動 | 援助の留意点 |
|---|---|---|---|
| 9:00 | ・保育室の窓を開け、換気をしておく。 | ＜登園＞<br>・元気に登園する。<br>・シール帳にシールを貼る。<br>・荷物をロッカーにかける<br>・当番の子どもはうれしそうにバッジをつけてもらう。 | ・子ども一人一人にあいさつし、笑顔で迎え入れる。<br>・子どもの心身の健康状態をしっかり観察する。<br>・当番の子どもに言葉をかけ、当番バッジをつける。 |
| 9:30 | ・円形に椅子を並べ、子ども同士が顔を見渡せるような状態をつくる。<br><br>（環境構成図：ピアノ、実、絵本、ままごとコーナー、製作コーナー、棚、お店屋さん） | ＜朝の会＞<br>・元気に朝のあいさつをする。<br><br>・名前を呼ばれたら、うれしそうに返事をする。<br>・欠席の友達に関心を示す。<br>・当番の子どもはうれしそうに前にでる。<br>・今月の歌「ミックスジュース」をうたう。 | ・子どもの顔を見渡し、クラスの仲間と気持ちのよいあいさつができるよう留意する。<br>・一人一人顔を見て名前を呼び、出席者、欠席者の確認をする。<br><br>・当番の子どもを紹介する。<br>・楽しくうたうことができるよう、子どもの顔を見ながら子どもに合わせてピアノ伴奏をする。<br>・どならず、きれいな声でうたうよう言葉をかける。 |
| 9:45 | （環境構成図：ピアノ、絵本、ままごとコーナー、製作コーナー、棚、お店屋さん）<br><br>・製作コーナーには、お店屋さんの売り物を子どもが自由な発想でつくれるよう、紙類、箱、容器、ひも、などのさまざまな素材を用意しておく。 | ＜自由遊び＞<br>・友達と誘い合って好きな遊びを楽しむ。<br>・保育室では、ままごとやお店屋さんなど、ごっこ遊びをする。<br>・製作コーナーでは、お店屋さんに並べる品物をつくる子どももいる。<br>・園庭では、砂遊びや虫探しを楽しむ。砂場では、水を運び泥だらけになって遊ぶ。 | ・楽しく遊べているか一人一人よく見る。<br><br><br>・子どもの発想を大事にしながら、必要に応じて援助を行う。<br><br>・汚れないよう腕まくりをしたり、裸足になるよう言葉をかける。 |

POINT ☞ 具体的な子どもの遊びの様子を予想してみよう。

| 時間 | 環境構成 | 予想される子どもの活動 | 援助の留意点 |
|---|---|---|---|

| | ・子どもたちの遊びが落ち着いてきたら、さりげなくかばんづくりのコーナーを設置する。<br>・かばんづくりコーナーは、園庭の様子も見渡せる位置に設定する。<br>＜用意するもの＞<br>○色画用紙<br>・かばんの形に切っておく。<br>・毛糸を通す穴を周囲に開けておく。１辺だけ子どもが穴を開ける箇所を残しておく。<br>・色は、ピンク、赤、青、緑、黄色、オレンジ６色、用意する。<br>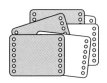<br>○毛糸<br>・ピンク、赤、青、緑、黄色、オレンジ６色用意する。<br>・長い棒に６色並べて巻きつけ、子どもが色を選びやすいようにする。<br><br>○マジック　８色３セット<br>○はさみ１本<br>○穴あけパンチ３個<br>＊画用紙や毛糸は、一人の子どもがいくつでもつくれるよう多めに用意しておく。<br>＊テーブルには、マジックで汚れてもよいようにクロスを敷く。<br>＊見本のかばんを手にとって見られるよう壁にかけておく。 | ＜かばんづくり＞<br>・実習生が何を始めるのか、興味をもって見にくる子どもがいる。<br>・どうやってつくるのか、実習生につくり方を聞く。<br>○つくり方<br>①好きな色の画用紙を選ぶ。<br>②画用紙にマジックで好きな絵を描く。<br>③画用紙に穴あけパンチで穴を開ける（１辺だけ）。<br>④好きな色の毛糸を選ぶ。<br>⑤穴に毛糸を通す。<br>⑥毛糸を結ぶ。<br><br><br>・色を選んだり、好きな絵を描いて、思い思いのかばんづくりを楽しむ。<br><br>・友達のつくるかばんにも興味を示して、見たりする。<br><br>・つくったかばんを持って、お店屋さんに行く。<br>・かばんの中にいろいろなものを入れて遊ぶ。<br>・もう一つつくりたいという子どももいる。<br>・友達がつくったかばんを見て、自分もつくりたくなる子どもがいる。<br>・興味をもって見ているが、なかなか自分から参加できないでいる子どももいる。 | ・興味をもった子どもや、遊べていない子どもがいたら、見本のかばんを見せて「つくってみる？」と言葉をかける。<br>・見本を見せて、イメージがわくようにする。<br><br>・②から⑤までの手順は、子どもの状況に応じて、柔軟にし、道具がなくて待たせることがないようにする。<br>・かばん、毛糸の色は子どもが選べるようにし、またかばんには好きな絵を描いて、子ども一人一人の表現を引き出すようにする。<br>・③の作業は、穴あけパンチで手を挟まないように十分に注意する。穴あけパンチは、実習生の横、前で使うようにする。<br>・⑤の作業は、さまざまな毛糸の通し方を子どもが工夫して楽しめるようにする。<br>・⑥の作業は、子どもとかばんの手提げの長さを確認しながら、実習生が結ぶようにする。<br>・子ども一人一人の作品を受け止め、よさを認めていく。<br>・友達同士でも作品を見合って、それぞれのよさがわかるよう言葉をかけていく。<br>・他の遊びの様子も見ながら、子ども一人一人が満足して遊べているかに留意する。<br><br>・いくつでもつくれるよう材料を提供する。<br><br>・興味をもち活動の様子を見ている子どもの姿を受け止めながら、落ち着いたところで個別に言葉をかけてみる。 |

POINT☞
子どもの発達を踏まえ、材料をどのような状態で用意したらよいのかも考えておこう。

POINT☞
子どもが気にせず、活動に取り組める環境にしよう。

POINT☞
子どもがやってみたくなる環境を工夫しよう。

POINT☞
一つ一つの手順に必要とされる援助やその留意点を細やかに考えておこう。

POINT☞
子どもが達成感や満足感がもてるようなかかわりを考えよう。

| 時間 | 環境構成 | 予想される子どもの活動 | 援助の留意点 |
|---|---|---|---|
| 11:20 | | <片づけ>・一生懸命片づけをする子どもや、「もっと遊びたい」という子どもがいる。 | ・そろそろ昼食の時間であることを伝え、片づけるよう言葉をかける。・砂遊びの子どもたちに先に片づけの言葉をかけ、着替えをするよう伝える。・子どもの遊びたい気持ちを受け止め、「お弁当の後に続きをしようね」と言う。 |
| | ピアノ／製作コーナー／絵本／棚／ままごとコーナー | ・実習生にほめられたことで、周囲の子どもたちも意欲的に片づけようとする。 | ・一生懸命片づけている子どもをほめ、片づけをしていない子どもも意欲的に片づけをしたくなるような雰囲気をつくる。 |
| 11:30 | ・昼食が食べられるようテーブルを並べる。・ふきん、お茶、牛乳を用意する。 | <排泄、手洗い、うがい>・排泄、手洗い、うがいをする。<昼食の準備>・当番の子どもは、テーブルを拭く。・排泄、手洗いをすませた子どもから、昼食の準備をする。 | ・だいたい片づいてきたら、排泄、手洗い、うがいをするよう言葉をかける。・当番の子どもにふきんを渡し、テーブルを拭くよう言葉をかける。 |
| 11:45 | POINT ☞ 普段の生活の流れを思い出し、子どもが混乱しないようにしよう。 | <昼食>・手遊び「5つのメロンパン」、「奈良の大仏さん」を楽しむ。・当番の子どもは前に出る。 | ・子どもたちがそろうまで、手遊びをして楽しく待てるようにする。・全員そろったら、当番の子どもを前に呼ぶ。 |
| | | ・「おべんとう」の歌をうたう。・声を合わせて、お祈りをする。・「いただきます」のあいさつをする。 | ・ピアノで伴奏する。・静かな気持ちでお祈りができるようにする。 |
| | ピアノ／ブロック／製作コーナー／絵本／棚／ままごとコーナー | ・実習生や保育者、友達と会話を楽しみながら弁当を食べる。・食べることより、話に夢中になり過ぎてしまう子どももいる。・嫌いなものが入っていて、「食べたくない」と訴える子どももいる。 | ・子どもたちと楽しく弁当を食べる。・話に夢中になり過ぎている子どもには、「おいしいね」「今日は何かな」と食べることに気持ちが向くよう言葉をかける。・無理強いはしないようにし、嫌いなものでも一口は食べてみようと励ます。全部食べられなくても食べようとする子どもの姿を受け止める。 |
| 12:15 | ・ゴザを敷いてブロックで遊べるスペースをつくる。・食べおえたところからテーブルを片づけ、遊べるスペースをつくる。・まだ食べている子どもも落ち着いて食べられるよう空間を確保する。 | <歯みがき>・食べおえた子どもから、「ごちそうさま」をし、歯みがきをする。<自由遊び>・歯みがき、片づけをすませた子どもから、好きな遊びをする。 | ・食べおえた子どもから、歯みがきをするよう言葉をかける。・歯みがきをしているときは、歩かないよう注意する。・食後は、保育室の中で静かに遊ぶよう言葉をかける。 |

| 時間 | 環境構成 | 予想される子どもの活動 | 援助の留意点 |
|---|---|---|---|
| | ・午前中のかばんづくりの続きができるよう、製作コーナーに材料を置いておく。<br>・朝の会と同様に、椅子を円形に並べる。 | ・ブロック、パズル、折り紙等で遊ぶ。<br>・午前中、できなかった子どもや続きを楽しみたい子どもが、かばんづくりを楽しむ。<br><br>**POINT ☞**<br>子どもたちがわかるように伝える工夫をしよう。 | ・片づけをしながら、子どもの様子を見守る。<br>・つくり方がわからない子どもがいたら実習生と一緒につくる。 |
| 13:00 | | ・園庭に出て、砂遊びや虫取りを楽しむ。 | ・時計の短い針が「1」になったら園庭に出て遊んでよいことを子どもたちに伝える。<br>・保育室の様子が落ち着いたら、園庭に出て、一緒に遊ぶ。<br>・裸足になって砂の感触を子どもたちと一緒に楽しむ。 |
| 13:30 | | <片づけ><br>・遊んでいた遊具を片づける。<br><排泄、手洗い、うがい><br>・排泄、手洗い、うがいをする。<br><帰りの身支度> | ・帰りの時間になったことを伝え、片づけるよう言葉をかける。<br>・片づいてきたら、排泄、手洗い、うがいをするよう言葉をかける。 |
| | ・子どもたちのシール帳と折っておいた手紙を用意する。 | ・シール帳と手紙をかばんにしまう。<br>・帽子をかぶり、かばんを肩から提げる。<br><帰りの会><br>・身支度のすんだ子どもから、椅子に座る。<br>・「ミックスジュース」をうたう。 | ・子どもたちにシール帳、手紙を一人一人に渡す。<br><br>・子どもたちが全員座るまで、歌をうたいながら楽しく待てるよう「ミックスジュース」のピアノ伴奏をする。 |
| | ・エプロンシアター<br>・「ブラウンさんの麦わらぼうし」を用意しておく。<br>・人形はあらかじめエプロンのポケットにセッティングしておく。 | ・エプロンシアター「ブラウンさんの麦わらぼうし」を見る。<br><br><br><br>・人形の動きやエプロンの仕掛けを楽しんで見る。<br>・手遊びの箇所は、実習生のまねをしながら一緒に楽しむ。<br>・「おもしろかった」「もっとみたい」など感想をいう。<br>・お祈りをする。 | ・全員がそろったら、「今日はおもしろいエプロンをもってきました」と子どもたちの前でエプロンをつけて見せ、子どもたちの興味をひく。<br>・役になりきり、声の調子や間のとり方などを工夫して演じる。<br>・楽しいお話なので、明るく楽しげに行うようにする。<br>・手遊びは子どもたちも一緒にできるよう、最初はゆっくり、大きな動作でするようにする。<br>・子どもたちの感想を受け止める。<br>・静かな気持ちでお祈りできるようにする。 |
| | **POINT ☞**<br>子どもたちが何を楽しむのかを予想してみよう。 | ・「さようなら」のあいさつをする。 | ・子どもたちの顔を見て「さようなら」のあいさつをする。 |
| 14:00 | | <降園> | ・子どもたち一人一人と握手して、見送る。 |

**POINT ☞**
子どもがそろうには時間差があることを考えておこう。

**一日実習（認定こども園）**
**── ３歳未満児クラス**

| 11月15日（木） | | | 実習生氏名 ○ ○ ○ ○ |
|---|---|---|---|
| 2歳児　りす組　20名（男児12名、女児8名） | | | 担任保育者　○ ○ ○ ○　先生 |

| ＜子どもの実態＞ | ねらい | ・一人一人の体調に留意して、子どもが気持ちよく園生活を過ごす。＜養護＞ |
|---|---|---|

<子どもの実態>
・気候の変化に伴い、鼻水や咳などの風邪症状が全体的に目立っている。
・戸外で身体を使って遊ぶことを喜び、少人数の気の合う友達同士で好きな遊びを楽しむ。
・保育室では、粘土遊びを好み遊ぼうとする姿がよく見られている。他にはブロック遊び、汽車遊び、ままごと遊び、ひも通しなどを楽しんでいる。
・友達と一緒に遊ぶ中で、主張のぶつかり合いや思いのすれ違いなどがあり、けがにつながるような場合もある。
・身のまわりのことをある程度自分でしようとする子どもがいるが、保育者にやってほしくて甘える姿になる子どももいる。

ねらい
・一人一人の体調に留意して、子どもが気持ちよく園生活を過ごす。＜養護＞
・身のまわりのことを自分でしようとする。　　　　＜養護＞
・お店屋さんごっこへの興味・関心を高めていき、品物づくりをし参加していくことを喜ぶ。
・絵本の読み聞かせを楽しむ。

内容
・連絡帳や受け入れ時の健康状態の観察を通して一人一人の子どもの体調を把握する。＜養護＞
・身のまわりのことを自分でしようとする意欲を大切にするとともに、できないことや保育者への甘えからしようとしない気持ちも受け止めながら適切な援助を行う。＜養護＞
・製作遊び「ペンダントづくり」を楽しむ。
・絵本『いつもいっしょに』を楽しむ。

| 時間 | 環境構成 | 予想される子どもの活動 | 援助の留意点 |
|---|---|---|---|
| 8:30 | ・保育室が整っていることを確認する。<br><保育室><br>棚／個人ロッカー／棚／水道／パズル・絵本／タオルかけ／ままごと／テラス／テーブル／ゴザ／棚：ブロック・汽車など／トイレ | <順次登園><br>・朝保育の保育室からりす組保育室へ移動する。<br>・保育室で好きな遊びを楽しむ。<br>・保護者と離れたくなくて泣いてしまう子どももいる。 | ・当番保育の引き継ぎを行う。<br>・登園してきた子どもたちに気持ちよいあいさつをして健康状態の確認をする。<br>・家庭からの連絡を確認する。<br>・気持ちよく遊び始められるように子どもが遊びそうな玩具を出したり、遊びに興味がもてるよう言葉をかける。<br>・保護者と離れられない子どもには、一対一で抱っこするなどして気持ちを受け止めていく。 |
| 9:10 | | <おやつ><br>・片づけと手洗いをして、席につく。<br>・「いただきます」とあいさつをしておやつを食べる。<br>・食べようとせずに遊んでいる子どももいる。<br>・「ごちそうさま」をして席を立つ。 | ・おやつを食べたい子どもは片づけをするように言葉をかけて、一緒に片づけを行う。ある程度片づいたらテーブルを設定する。<br>・一人一人手洗いをして、きちんと拭けているか確認していく。<br>・席に座った子どもから配膳して「どうぞ召し上がれ」と言葉をかける。<br>・食べようとしない気持ちを聞いたり受け止めたりし、水分補給だけはするよう伝える。<br>・食べおわった子どもに必要に応じて排泄をするよう伝える。遊んでいる子どもにも片づけをして、必要に応じて排泄するよう伝える。 |
| 9:25 | ・テラスの出入り口に帽子・靴下、靴の準備をしておく。 | <順次排泄><br>・必要に応じて排泄をすませた子どもから、手洗い、うがいをして椅子に座る。 | ・必要に応じて排泄、手洗い、うがいをしている様子を見ながら席につくように言葉をかける。 |
| 9:35 | | ・実習生の話を聞く。 | ・全員が座ったことを確認して話をする。 |

| 時間 | 環境構成 | 予想される子どもの活動 | 援助の留意点 |
|---|---|---|---|
| | | ・歌遊び「やおやのおみせ」（アレンジ）を実習生を見ながらまねて楽しむ。<br>・実習生とあいさつをする。<br><br>・興味をもってペンダントづくりの話を聞く。 | ・全員がそろうまで歌遊び「やおやのおみせ」（アレンジ）を楽しむ。<br><br>・あらためてあいさつをして、欠席の子どもを子どもたちに伝えていく。<br>・ペンダントの実物を見せ、お店屋さんごっこの品物となるペンダントづくりをやりたい子どもからテラスで行えることを伝え、他の子どもは園庭で好きな遊びを楽しめることも伝えていく。 |

**POINT** 準備するものと数量は具体的にすべて記入しておこう。

**POINT** 見通しをもって生活できるようにわかりやすく伝えよう。

| 時間 | 環境構成 | 予想される子どもの活動 | 援助の留意点 |
|---|---|---|---|
| 9:45<br>9:50 | ＜製作準備＞<br>・テーブル2台<br>・製作椅子5脚＋保育者椅子1脚＋待合椅子3脚<br>・紙粘土の塊　25個<br>・クリップ　25個<br>・絵の具（赤・黄・青の3色をお皿に1つずつ用意）<br>・絵の具筆　3本<br>・ビーズやスパンコールを種類別に分け皿に用意<br>・木工用ボンド<br>・リボン　25本<br>・制作シート　2枚 | ・靴下をはき、帽子をかぶり、靴を履いて、園庭に出る。<br>・保育者や友達と好きな遊びを楽しむ。<br>・準備している様子に興味をもって近くで見たり、実習生に話しかけてくるなどの子どもがいる。<br>＜ペンダントづくり＞<br>・興味をもっている子どもは、テラスに設定されたテーブルにつく。<br>・待ちたい子どもは、待合椅子に座って、つくっている子どもの様子を見ている。 | ・グループごとに戸外に出る準備をして庭に出るように伝える。<br>・一人一人の準備する様子を見ながら、その子どもに合わせて援助をする。<br>・事前に準備物をそろえて、短時間でセッティングしていく。製作中もそれぞれの物を取り出しやすいようにしておく。<br>・排泄等でテラスを通ってトイレへ行く子どももいるので、通路を確保する。<br>・興味をもって話しかけたり質問したりする姿をていねいに受け止め、応えたり手伝ってもらうなどしていく。<br>・興味をもっている子どもから製作を始める。5名以上いるときには、早くやってみたい気持ちを受け止めながら「次に呼ぶから待っててね」と話し、待合椅子に座ってもらうなどしていく。 |

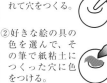

| ＜つくり方＞ | | 援助の留意点 |
|---|---|---|
| ①紙粘土に指を入れて穴をつくる。<br><br>②好きな絵の具の色を選んで、その筆で紙粘土につくった穴に色をつける。 | ③色を全体的に混ぜるように紙粘土を練る。<br>④紙粘土を両手を使って球体になるようにした後、机の上で手の平を使って軽くつぶす。<br>⑤クリップを実習生がつける。 差し込む |  ⑥木工用ボンドでビーズをつける。<br>木工用ボンド　完成<br>⑦できた子どもから、好きな色のリボンを選んでもらい、紙粘土が乾いたら、実習生と一緒にリボンをクリップの穴に通してペンダントの完成。 |

**POINT** つくり方は文章とイラストで誰が見てもわかるように記そう。

| ＜テラス＞ | 予想される子どもの活動 | 援助の留意点 |
|---|---|---|
| 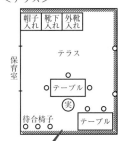<br>帽子入れ　靴下入れ　外靴入れ<br>テラス<br>保育室<br>テーブル<br>（実）<br>待合椅子　テーブル | ・実習生につくり方を聞きペンダントづくりを行う。<br>・一人でできないところを実習生に聞いたり、一緒につくる。<br><br>・つくりおわった子どもは手を洗ってから園庭で遊ぶ。<br><br>・園庭では好きな遊びをそれぞれに楽しむ。 | ・一人一人の子どものペースに合わせて説明していく。<br>・むずかしいところは、手を添えるなど援助をしていく。<br>・子どもの発想を大切にして認めていく言葉かけをしていく。<br>・出来上がったら、紙粘土が固まるまで静かに置くことを伝え、完成を楽しみにしながら園庭で遊ぶように話す。<br>・待合椅子で待っていた子どもや、園庭で遊んでいる子どもに順次言葉をかけるなどし、全員が経験できるようにする。 |

**POINT** 全体の様子がわかる位置に実習生の位置を決めよう。

| 時間 | 環境構成 | 予想される子どもの活動 | 援助の留意点 |
|---|---|---|---|
| 11:10 | | <片づけ><br>・遊びに夢中になって、片づけない子どももいる。<br><br><排泄・手洗い・うがい><br>・靴をしまって保育室に入り、帽子を片づけ、靴下をしまう。<br>・排泄、手洗い、うがいをする。 | ・片づけをみんなで行うように言葉をかけ一緒に行う。<br>・生活の見通しがもてるような言葉かけをし、期待をもって片づけを行えるようにする。<br>・ある程度片づけたら、保育室に入り、排泄と手洗い、うがいをするように言葉をかける。<br>・手洗いは石けんを使ってきれいに洗えているか子どもと一緒に確認する。<br>・おわった子どもから座るように伝える。 |
| 11:25 | パズル<br>絵本<br>棚<br>個人ロッカー　棚　水道<br>棚<br>タオルかけ<br>テラス<br>ゴザ　テーブル<br>棚：ブロック・汽車など　ままごと<br>トイレ | <食事><br>・準備が整った子どもから「いただきます」をして食事をする。<br>・友達を待って食べ始める子どももいる。<br>・苦手な食べ物があって減らしてほしいと伝えてくる子どももいる。<br>・きれいに食べたことを知らせてくる子どもがいる。<br>・おしぼりで口や手を拭いて「ごちそうさま」をして始末する。<br>・ぶくぶくうがいをする。 | ・準備が整った子から配膳をして「どうぞ召し上がれ」と言葉をかける。<br>・友達を待っている気持ちを大切にして、一緒に食べ始められるようにする。<br>・苦手な食べ物を伝えてきた気持ちを受け止め、減らしながらも「少しでいいから食べてみようね」「これを食べるともっと元気になるよ」など、無理なく進めていく。<br>・「お皿がピカピカになったね」「とてもおいしかったね」とおいしく食べられたことを共有する。<br>・手や口をきちんと拭いて始末できているかを確認する。<br>・食べおえた子どもからぶくぶくうがいをするように言葉をかけ確認していく。 |
| | POINT ☞<br>着替えるときのそれぞれの子どもの姿やその援助について具体的に記しておこう。 | <着替え・排泄・遊び><br>・着替えのカゴを出して着替えをする。<br>・自分でできずにイライラする子どもがいる。<br>・できるのに、甘えからやろうとしない子どもがいる。<br>・ふざけて着替えに意識が向かない子どもがいる。<br>・着替えた子どもから、排泄をする。<br>・排泄した後、オムツにはきかえる子どももいる。<br>・絵本を見たりブロック・パズルなどで静かに遊ぶ。<br>・片づけをする。 | ・服を脱ぐ、服を着る、脱いだ服をたたんで始末する、といった着替えの順序を見守ったり、援助していき、できたときはほめていくようにする。<br>・一人一人の様子を見守りながら、必要な子どもにはその様子に合わせて、適切な援助をしていく。<br>・着替えをおえたら、排泄をすませてから静かに過ごすよう伝える。<br>・排泄についてきちんと始末していることを確認する。<br>・排便のときには、保育者がきれいに始末をするようにする。<br>・必要な子どもはオムツにはきかえるように援助する。 |
| 12:00 | <絵本の読み聞かせ> | <絵本の読み聞かせ><br>『いつもいっしょに』<br>・絵本の読み聞かせを見る。 | ・絵本の読み聞かせをすることを伝え片づけるように言葉をかける。<br>・全員がそろうことを待つ。 |

| 時間 | 環境構成 | 予想される子どもの活動 | 援助の留意点 |
|---|---|---|---|
| 12:15 | <保育室><br>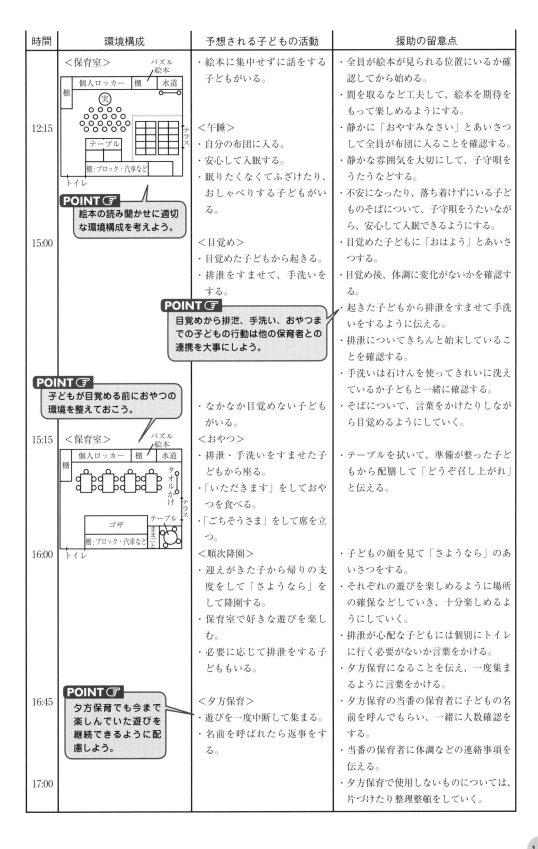<br>**POINT ☞**<br>絵本の読み聞かせに適切な環境構成を考えよう。 | ・絵本に集中せずに話をする子どもがいる。<br><br><午睡><br>・自分の布団に入る。<br>・安心して入眠する。<br>・眠りたくなくてふざけたり、おしゃべりする子どもがいる。 | ・全員が絵本が見られる位置にいるか確認してから始める。<br>・間を取るなど工夫して、絵本を期待をもって楽しめるようにする。<br>・静かに「おやすみなさい」とあいさつして全員が布団に入ることを確認する。<br>・静かな雰囲気を大切にして、子守唄をうたうなどする。<br>・不安になったり、落ち着けずにいる子どものそばについて、子守唄をうたいながら、安心して入眠できるようにする。 |
| 15:00 | **POINT ☞**<br>目覚めから排泄、手洗い、おやつまでの子どもの行動は他の保育者との連携を大事にしよう。<br><br>**POINT ☞**<br>子どもが目覚める前におやつの環境を整えておこう。 | <目覚め><br>・目覚めた子どもから起きる。<br>・排泄をすませて、手洗いをする。<br><br>・なかなか目覚めない子どもがいる。 | ・目覚めた子どもに「おはよう」とあいさつする。<br>・目覚め後、体調に変化がないかを確認する。<br>・起きた子どもから排泄をすませて手洗いをするように伝える。<br>・排泄についてきちんと始末していることを確認する。<br>・手洗いは石けんを使ってきれいに洗えているか子どもと一緒に確認する。<br>・そばについて、言葉をかけたりしながら目覚めるようにしていく。 |
| 15:15 | <保育室><br>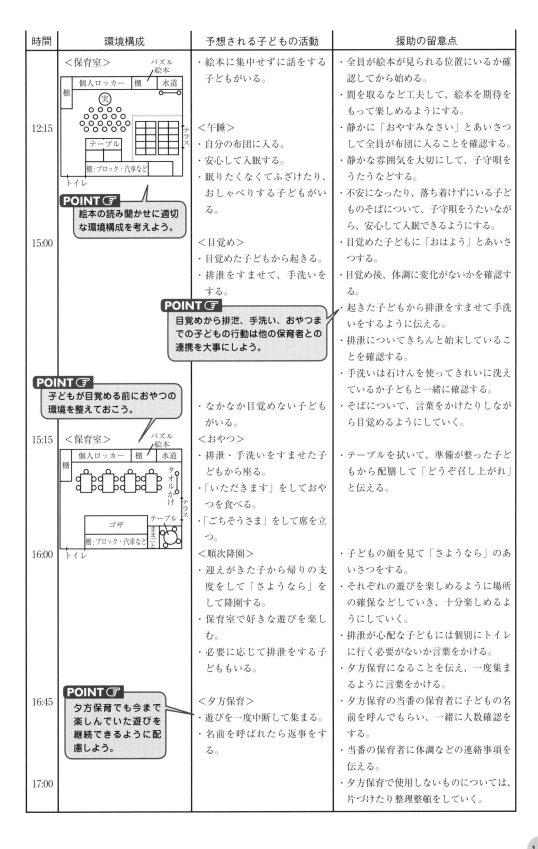 | <おやつ><br>・排泄・手洗いをすませた子どもから座る。<br>・「いただきます」をしておやつを食べる。<br>・「ごちそうさま」をして席を立つ。 | ・テーブルを拭いて、準備が整った子どもから配膳して「どうぞ召し上がれ」と伝える。 |
| 16:00 | | <順次降園><br>・迎えがきた子から帰りの支度をして「さようなら」をして降園する。<br>・保育室で好きな遊びを楽しむ。<br>・必要に応じて排泄をする子どももいる。 | ・子どもの顔を見て「さようなら」のあいさつをする。<br>・それぞれの遊びを楽しめるように場所の確保などしていき、十分楽しめるようにしていく。<br>・排泄が心配な子どもには個別にトイレに行く必要がないか言葉をかける。<br>・夕方保育になることを伝え、一度集まるように言葉をかける。 |
| 16:45 | **POINT ☞**<br>夕方保育でも今まで楽しんでいた遊びを継続できるように配慮しよう。 | <夕方保育><br>・遊びを一度中断して集まる。<br>・名前を呼ばれたら返事をする。 | ・夕方保育の当番の保育者に子どもの名前を呼んでもらい、一緒に人数確認をする。<br>・当番の保育者に体調などの連絡事項を伝える。 |
| 17:00 | | | ・夕方保育で使用しないものについては、片づけたり整理整頓をしていく。 |

ここでは、5つの指導案例を見てきました。これらはあくまでも1つの例に過ぎません。しかし、これらの指導案からいくつか学べることがあるように思います。以下には、これらの指導案例から指導案を立案するときのポイントを整理しておきたいと思います。指導案は、子どもたちとの楽しい園生活をデザインしていくための計画です。責任（部分・一日）実習が子どもたちにとってはもちろん、実習生にとっても楽しい時間となるよう思いをめぐらせ、以下のポイントを参考にしながら指導案を立案してみましょう。

## 3歳以上児の指導案のポイント

### ● 子どもの姿を把握することから始めよう

　部分・一日実習を行う際には、子どもたちとどんな活動をしようかと、悩むことでしょう。3歳以上になると、できることもたくさん増えていきます。こんなこともしてみたい、あんなこともしてみたいと考えることは楽しいことです。しかし、始めに何をしようかという発想ではなく、子どもの姿を把握することから始めましょう。**「子ども理解に基づく計画」**が基本です。かといって、実習が始まって子どもの姿を把握してから何をしようかと一から考え始めるのでは、時間が足りなくなってしまうことでしょう。事前の保育内容の研究、準備はもちろん欠かせません。保育の経験が少ない実習生にとってはなおさら必要なことです。事前に子どもの発達や季節に合った遊びの研究を十分に行っておけば、実習が始まり子どもとのかかわりの中で子どもを理解していきながら、事前に調べておいたいくつもの遊びの中から目の前の子どもたちに合った内容を計画していくことができるでしょう。

　また、活動内容を計画するだけでなく、保育を展開していく上で必要な子どもたちへの援助についても考えなくてはなりませんが、これも子ども一人一人の様子をよく理解していなければ適切な援助を考えることができないでしょう。

　指導案例③（p.104～107）の＜子どもの実態＞のように、**子どもの姿は、「生活」、「遊び」、「友達とのかかわり」の観点からできるだけ具体的にとらえる**ようにすることが大切です。また、とくに一日実習などで一日の主な活動を計画していく際には、指導案例④（p.108～111）の＜子どもの実態＞のように、**子どもの遊びの興味、関心をとらえていく**ようにしましょう。

### ● 環境を重視した指導案を立案しよう

　保育は「環境を通して行う」ことが基本です。このことをあらためて考えると、**指導案は環境の重要性を十分に踏まえて立案する**ことが大切です。子どもたちの興味、関心をかき立て、**子どもたちが自らやってみたくなるような環境、子どもたちが発達に応じて自分の力で主体的に取り組めるような環境**を工夫したいものです。

　たとえば、指導案例④では「かばんづくり」の活動を計画していますが、子どもの発達

をとらえ、かばんを縫う穴をすべて開けておいてしまうのでなく、少しだけ子どもが穴を開ける部分を残しています。また、かばんの色やかばんのひもの色を6色ずつ用意し、子どもが好きな色を選択してオリジナルなかばんを作成できるようにもしています。こうした子ども一人一人の個性の発揮も環境一つで大きく変わってくるのです。

### さまざまな子どもの姿をイメージしてみよう

　子どもを見ていると、一人一人皆違います。用意した環境の中で子ども一人一人がどのように動くのか、子どもへの働きかけに一人一人がどのように反応するのか、できるだけ**さまざまな子どもの姿をイメージしてみる**ことが大切です。

　指導案例③の「カルタづくり」では、「何を描いてよいかわからず、なかなか取り組めない子どももいる」と子どもの姿が予想されていますが、このように自分が計画したようには動かないかもしれない子どもの姿まで予想しておくことも大切です。そのことにより、どのような援助や配慮をしたらよいのかも見えてくるからです。さまざまな子どもの姿をイメージし、子ども一人一人に合った援助ができるように計画していきましょう。

### 子どもの主体性を大切にした援助を考えよう

　保育する上で、子どもの主体性の発揮はとても大切です。何かを**「させる保育」**ではなく、**「子どもが自ら取り組む保育」**を常に念頭において指導案を立案するようにしましょう。たとえば、遊具を「片づけさせる」のではなく、子どもたちが自ら片づけるような援助を考えていくことが大切です。

　指導案例②（p.103）のように、「帰りの時間であることを伝え、片づけをするよう言葉をかける」「帰りの会で楽しいゲームをすることを伝え、気持ちを切り替えられるようにする」と、子どもが次の活動に期待をもてるような言葉をかけることで、もっと遊んでいたい気持ちから、次の活動を楽しみにする気持ちへと変わり、自ら遊びをおえて、片づけをするかもしれません。こうした片づけの場面だけでなく、すべての場面において、子どもの主体性を大切にした援助を考えていきましょう。

### 子ども同士の育ち合いを大切にしよう

　3歳以上になると、子ども同士のかかわりはますます活発になります。そして、子どもたちは友達とかかわることで、互いに刺激し合って、育っていきます。保育は、子どもと保育者の二者の関係のみで成り立っているのではなく、子ども同士の関係がとても重要です。指導案もこうした視点を大切にして立案していくことが重要です。

　たとえば、指導案例③の「カルタづくり」では、できた作品を「……子ども同士が作品を見合うことができるよう天井に渡したひもにつるして飾る」というような環境構成が考えられています。このように**子ども同士の育ち合いに配慮した環境や援助**を考えることもとても重要です。

# 3歳未満児の指導案のポイント

　まず、3歳未満児（0〜2歳児）クラスでの責任（部分・一日）実習の場合は、**養護と教育が一体となって営まれている**ことが基本であることを十分に理解して、指導案を作成する必要があります。具体的には、子どもは未発達な状況にあるために、遊ぶということが生活そのものであったり、養護の側面をよりていねいに配慮して保育をする必要性があることなどがあげられます。これらを踏まえて、実際に2歳児の指導案例⑤（p.112〜115）を見ながら考えていきましょう。

### ● 「ねらい」「内容」「援助と留意点」には養護の側面を具体的に記していこう

　3歳未満児の保育においては前述の通り、子どもの発達が未熟な状況であるため、子どもだけではできずに、大人の援助を必要とする場面が、生活のあらゆる場面で見られます。つまり、**とくに「養護」の側面について細やかな配慮を必要としており**、それが行われることで子どもは気持ちよく生活ができるのです。

　よって、3歳未満児の責任（部分・一日）実習の指導案を立てるときには、指導案例⑤にも随時記してあるように、「養護」の側面についての配慮をより具体的に記していきます。観察実習の段階で保育者が実際に配慮している部分を、記録したり、事前に実習担当の保育者に生活面で配慮している点について質問をするなどして、指導案を作成する際に盛り込んでいくとよいでしょう。

### ● 3歳未満児のクラスは複数の保育者で保育する

　認定こども園の0〜2歳児クラスは、保育所と同様に複数の保育者で保育をしているのがほとんどで、実習園によっては、担当制あるいはゆるやかな担当制などを導入している場合もあり、複数の保育者で連携を密にとりながら保育をしています。

　**複数担任のクラスで一日実習する場合は、実習生がリーダーという立場で活動を行いますが、実際は実習生を含む複数の担任の保育者と一緒に保育をする**という認識が必要です。指導案例⑤でも、実習生が一番に子どもに言葉をかけていますが、その後には担任の保育者が子どもの様子を見ながら実習生（リーダー）のフォローをするように保育をしているのです。担当制などの保育体制をとっている場合は、その体制も考慮して指導案を作成しましょう。事前に、どのような保育体制で一日実習をすることが望ましいのか、実習担当の保育者に相談することが必要です。

### ● 子どもが「やってみたい」と思う気持ちを大切にしよう

　3歳未満児の一日実習では、まず、**3歳未満の子どもが「やりたい」と思える魅力的な活動を計画すること**が重要です。活動に魅力がなければ、すぐに「いや、やらない」と拒否されてしまいます。

　もう一つは、子どもが興味をもって「やってみたい」と思った瞬間をタイムリーに受け止めて、活動に参加できる状況を確保することが大切です。指導案例⑤では、少人数での製作が望ましいこと、実習生が多くの子どもに対応できないことを予測して「待合椅子」を設けています。「待合椅子」を設定することで、子どもの「やってみたい」という気持ちをタイムリーに受け取る行為にもなります。

　したがって、一日実習での中心となる活動を考えるときには、事前に目の前の子どもたちの遊ぶ姿をよく観察したり、実習担当の保育者には活動を計画する際に子どもの情報を教えていただいたりするなどの準備をしっかり整えていくことが大切といえるでしょう。

　指導案作成のポイントは指導案例をもとに述べてきました。ここでは指導案作成について学ぶポイントを示しておきます。

---

**指導案作成のポイント**

### 日ごろから子どもの遊びに関心をもとう

　養成校では、乳幼児期の子どもたちが楽しめるさまざまな遊びについて学ぶ機会があるでしょう。こうした授業での学びを始め、保育雑誌や保育専門書を図書館で閲覧したり、各種講習会への参加など、実習の間際だけでなく日ごろから子どもの遊びに関心をもって自ら学びましょう。

### いくつも指導案を作成してみよう

　指導案の立案については、授業の中でも学ぶことでしょう。しかし、頭で理解しても、指導案を実際に書くとなるととてもむずかしいものです。「実際に書いてみる」、これが大事です。書いてみることで学べることがたくさんあります。

### 苦手意識をもたないで

　指導案というと、「むずかしい」と思う人も多いようです。最初から苦手意識をもたないようにしましょう。たしかに最初はむずかしく感じることもあるかもしれません。しかし、子どもたちとの楽しい時間を計画すると考えてみてください。指導案作成も楽しいものとなるはずです。

---

### column　　気をつけたいこんな表現

　実習生のFさんは、指導案の中に「……子どもたちを集め、座らせる」と書きました。翌日、その指導案を実習担当の保育者に見ていただきました。すると、「……させる」という表現はよくないと指導を受けました。Fさんはなぜよくないのか理解ができず「どうしてでしょうか」とたずねると、「よく考えてごらんなさい」と逆に投げかけられました。

　よく考えてみると、保育者はいつも子どもたちが自ら取り組むことを重視しており、保育者が子どもに「……させる」ことは子どもの主体性ではないことに気づきました。何気なく使ってしまった表現でしたが、子どもの主体性を重視している保育をする中で、たしかに気をつけなければならない表現でした。

# 責任（部分・一日）実習にあたって

責任（部分・一日）実習を行うにあたって、指導案の作成の意義や方法は学びましたが、そのほかにどのような準備が必要なのでしょうか。また、どのようなことに留意したらよいのでしょうか。ここでは責任（部分・一日）実習にあたっての準備や留意事項について確認しておきましょう。

## POINT ① 保育教材の研究と準備をしよう

責任（部分・一日）実習でする活動の内容が決まったら、その活動に必要な保育教材の研究と準備をすることが必要です。

保育教材とは、保育を効果的に展開していくための素材、材料のことをいいます。たとえば、絵本や紙芝居を実践するとき、子どもたちが落ち着き、興味をもって絵本や紙芝居を見ることができるような導入のために、ペープサートや指人形等を使ったりします。また、製作活動をする際、子どもたちがつくり方を理解しやすいように、説明用に大きな見本を用意したり、子どもたちが自分で確認することができるようつくる過程を図解したパネルを用意したりすることもあります。こうした保育教材を用意することで、効果的に保育を展開していくことができるのです。具体例については、Part 1「12 保育における活動・遊び」（p.50〜69）にまとめてありますので参照しましょう。

活動をどのように展開していくか、そのときにどのような保育教材を用意したらよいかということは、指導案立案の際にじっくりと考えることになるでしょう。保育教材は、子どもの発達や活動に合わせるため、手づくりのものが多くなります。子どもたちのために、よりよい保育を目指して、保育教材の研究と準備は早めに行うようにしましょう。

## POINT ② 活動に必要な用具や材料の調達と確認をしよう

活動に必要な用具や材料をどのように調達するか、確認しておくことが大切です。日常の保育で子どもたちが使用している用具や材料にはどのようなものがあるかよく観察しておき、園で借りられそうなものがある場合には、借りることができるかどうか、実習担当の保育者に早めに相談、確認しておくことが必要です。園にないものはもちろん借りられませんし、園にあっても実習のために使用することができないこともあります。自分で用意しなくてはならないことも考えると、活動で使用するものは、容易に手に入り、安価なものがよいでしょう。

## POINT ③  実習園で借りた物品は、きれいにして返却しよう

　実習園で借りた物品は、借りたときの状態で返すことが大切です。洗えるものはきれいに洗って、「ありがとうございました」とお礼を添えて返すようにしましょう。特別に借りたものだけでなく、いつも使用している保育室の床やテーブルも同様です。のりや絵の具、マジック等で汚れていないかもよく確認し、保育後は入念に清掃し、きれいな状態にしてお返ししましょう。

## POINT ④  提供していただいた材料は無駄にしないように使おう

　実習園で提供していただいた画用紙等の材料は、無駄のないように使いましょう。紙類は、１枚すべて使わないような場合もあります。その場合は切れ端を使用したり、半分ですむ場合には半分はきれいに切ってお返しするなどの配慮が必要です。実習園の材料は大事に使用させていただきましょう。

## POINT ⑤  活動で使用する場所の確認をしよう

　どこで活動をするかは、その活動の内容にあった場所を設定することになります。保育室であれば問題はありませんが、園庭やホールなど、園全体の共有の場所を使用したいと考えた場合、指導案立案の際に実習担当の保育者にあらかじめ確認しておかなくてはなりません。共有の場所をお借りする場合、他のクラスの子どもが使用できなくなるなどの影響があることも理解し、感謝の気持ちをもってお借りしましょう。

　また、共有の場所のものを動かしたり、床にビニールテープなどを貼る場合には、かならず実習担当の保育者の許可を得ることが必要です。また、かならず元に戻しておくことも忘れないようにしましょう。

## POINT ⑥  入念なシミュレーションと練習をしよう

　責任（部分・一日）実習にあたっては、不安と緊張でいっぱいになることでしょう。実習生にとっては無理もないことです。しかし、少しでも不安と緊張を取り除き、せっかく取り組む実習が子どもたちにとっても自分にとっても満足いくものになるよう、入念なシミュレーションと練習をしておきましょう。

　自分が担当する保育の状況をできるだけ具体的に思い浮かべましょう。自分がどのように動き、子どもたちにどう語りかけるのか、実際に声に出したり、動いたりして何度もシミュレーションしておくことが大切です。絵本や紙芝居等の実践は、何度も練習しておきましょう。

# 日々の振り返り

## なぜ、日々、実習を振り返るのだろう

　保育の現場では、日々、保育者が自身の保育を評価、反省することが求められています。子どもへの理解や子どもへのかかわり、環境の構成が適切になされていたのか、あらためて自身を振り返り考えてみることで、子どもへの理解を深めたり、「もっとこんなふうにかかわればよかった」、「こんな環境も必要だった」と、見えてくることがあります。こうした振り返りの内容を翌日の保育に生かすことで、保育の質が高められていくのです。

　このことは実習においても同じです。**実習を毎日振り返ることで、今日よりも明日、明日よりもまた次の日と、実習での学びを深めていくことが大切**です。

## どのような場で日々の振り返りを行うのだろう

　日々の実習の振り返りは、一人でもできますが、多くの場合、保育後の時間や、保育所では午睡中の時間などを利用して、実習担当の保育者とともに話をする時間が設けられます。この時間は、「反省会」等と呼ばれていますが、こうした日々の**「反省会」は、他者に話をすることで一人では気づけなかったことに気づいたり、幼稚園教諭、保育士という専門家に助言をいただくことができる貴重な時間**になるでしょう。

　このような保育者との直接的な対話による振り返りのほかに、実習日誌を活用した振り返りを行うこともできます。そもそも実習日誌は、毎日、自身の実習を振り返るものです。保育者は園の業務で忙しく、状況によっては十分に「反省会」の時間がとれないこともあるでしょう。また、家に帰って実習日誌に向かいじっくりと考える中で反省や学びが整理されたり、その中であらたな疑問が生じたりすることもあります。そのようなときは、**実習日誌の中に保育者の助言を得やすいように書きまとめておくとよいでしょう**。そうすることで、忙しい保育者も実習日誌を通して助言をくださいます。

## 何をどのように振り返ればよいのだろう

　保育者が「何か質問はありますか？」と聞くと、実習生から「とくにありません」、「大丈夫です」と答えが返ってくることがよくあるようです。初めての経験ばかりの実習生からなぜこのような発言が出てしまうのでしょうか。実習生にたずねてみると、保育中はと

にかく子どもたちとかかわることで精一杯、いざ、一息ついて質問があるかとたずねられても「頭が真っ白になって何も出てこない」と答える人が多くいます。また、「何を聞いてよいかよくわからない」と答える人もいます。最初の数日は緊張もあるでしょうから、このような状態も仕方ないかもしれません。しかし、このような状態のまま実習をおえてしまうのは大変もったいないことです。

　このようなときは、何を学ぶために実習をしにきたのか、もう一度、思い出してみましょう。実習で学ぶべきことはたくさんあるはずです。実習前には、自身の実習課題も立てたはずです。今日は「保育者の言葉かけを中心に学んでみよう」など、日々のねらいが明確にもてれば、「あのときの先生のあの言葉かけにはどのような意味があったのだろう」とか、「こんなふうに言葉かけしてみたけれど、うまくいかなかった」など、後で保育者に聞いてみたいことはたくさん出てくるはずです。ただ、なんとなく実習での一日を過ごすのではなく、**具体的な実習課題や日々のねらいをもって実習に取り組む**ことが大切です（p.28、85参照）。

　実習課題や日々のねらいを中心としながら、**保育者や子どもの姿から疑問に思ったこと、もっと知りたいと思ったこと、子どもとのかかわりで困ったこと、うまくいかなかったことなど**を聞いてみるとよいでしょう。また、実習していて**うれしかったことや、感動したこと、気づいたこと、考えたことなども話してみるとよいでしょう。できるだけ具体的な実習体験に基づいて話をする**ことで、保育者からの助言も具体的なものになります。実習生ではわからない子どもの成育過程や子どもの背景にある家庭の状況など、貴重な話を聞くこともできるかもしれません。また、こうしたやりとりを通して、保育者の子どもや保育に対する思いにふれ、今後の自身の子ども観や保育観を築いたり、保育者としてのあり方を考えたりする貴重な機会にもなるはずです。

---

**話を整理して**

　忙しい仕事の中、実習生のために振り返りの時間をもってくださる実習担当の保育者と話をするときには、時間を有効に使うためにもあらかじめ話を整理しておきましょう。話がまとまらなかったり、脱線することのないようにしましょう。

**素直な気持ちで**

　疑問は素直な気持ちで聞いてみるとよいでしょう。その場面だけを見て勝手な判断をしたり、子どもや保育を批判をすることは禁物です。子どもや保育者の行動にはかならず意味があるととらえ、謙虚に質問させていただくことが大切です。

振り返り
の
ポイント

# 10 ノンコンタクトタイムでの学び

## ノンコンタクトタイムとはどのようなものだろう

　ノンコンタクトタイムとは、「コンタクトを取らない時間」のことであり、保育においては、勤務時間内の中で子どもから離れる時間のことをいいます。実習生は、保育という仕事は、子どもと一緒に遊んだり、子どもにかかわり援助をしたりするなど、常に子どもと一緒にいるイメージがあるかもしれませんが、実は、保育者という仕事は、子どもとかかわらない時間に多くの仕事をしているのです。たとえば、保育日誌を書いたり、指導計画を立案する話し合いをしたり、会議をしたり、活動や遊びを行うための準備などがあげられるでしょう。実習生は、つい保育者と子どもが一緒にいる場面ばかりに注目してしまいがちですが、**ぜひノンコンタクトタイムのときに、保育者がどのような仕事をしているのかを観察したり一緒に行ったりしながら理解していき、ノンコンタクトタイムにおける保育の仕事内容への学びへつなげていきましょう。**

## ノンコンタクトタイムでの実習内容と学びを確認しよう

　では、実習生がノンコンタクトタイムにおいて、具体的に経験できる主な実習内容はどのようなことがあるか、主な場面を取り上げながら考えていきましょう。

### ● 開園準備や登園前・保育準備

　子どもの登園前や保育前は、開園準備や保育準備をします。鍵を開けて窓明けをして、保育室やテラス・ベランダなどの掃除をしたりします。これは、子どもが気持ちよく登園して園生活をスタートできるようにするための大切な仕事です。それと同時に、安全確認をしており、危険な場所はないか、破損しているものはないかなどを確認します。

　また、保育者は、今日の保育の準備も行います。その日の活動で行う製作物をさりげなく飾り、子どもの目に入るようにしたり、絵の具などで水道を使用するとしたらあらかじめ滑り止めのマットを敷くなど事前に準備が必要なことを行い、子どもが活動している時間にていねいにかかわることができるようにします。

### ● 午睡の時間

　保育所や認定こども園などには、子どもの午睡の時間があります。午睡の様子を確認

したり目覚めた子どもを保育する保育者は保育室にいますが、その時間に自分の保育室を離れて保育者や職員が集まって会議を行ったり、クラスの打ち合わせ、さまざまな事務仕事、行事準備などを行います。そのほか、午前中の活動の片づけや汚れた場所をきれいにする、掃除や洗濯、あるいは次の日の活動準備などもしています。また、園庭がある場合には、定期的に園庭の整備や砂場の砂おこし、園庭で使う玩具整備などもしています。

### 🌸 降園後・閉園準備

　子どもが降園した後は、保育で使ったものを次の日も子どもが使いやすいように片づけをします。また、使用した場所の掃除をしたり、ゴミ集め、洗濯もの干しなどもしています。そして、園舎内や園庭の鍵閉めをして最終の安全確認をします。そうすることで、次の日の朝の仕事がスムーズにできるようになります。

　そのほか、保育の様子によっては保育を抜けて事務所で仕事をすることもあるでしょう。このようにみると、**保育者はノンコンタクトタイムを有効に使いながら、子どもとかかわる時間と同様に保育に欠かせない仕事をしている**ことが理解できるでしょう。子どもの年齢別によっては、時間帯によって行っている仕事内容も異なりますし、これらの一部分の仕事を実習生でも担えるものもあるので、率先して「何かできることはありますか？」と言葉をかけて取り組み経験していきましょう。

## ノンコンタクトタイムでの留意点を確認しよう

　ノンコンタクトタイムは、子どもと離れて仕事をする時間ではありますが、園に子どもがいる時間は、今、子どもがどのように過ごしているのかを意識しながら仕事をしています。預かり保育や朝夕保育など、自分が保育をしていなくても子どもの保育が行われている時間に、もし地震や火災などが起こった場合も、職員全員で協力体制をもって子どもの生命を優先して避難したり行動できるような心構えをもっているのです。また、ノンコンタクトタイムは
いつでも取りたいときに取れる時間ではなく限られた時間であることが多いため、保育者はより有効に使うことを心がけています。仕事内容を確認して優先順位をつけ取り組んだり、仕事の時間配分をしたりするようにしているのです。

　そのように考えると、実習生はノンコンタクトタイムのときに質問をしたい気持ちがありながらも、保育者は常にあわただしく動いていて、なかなかタイミングがつかめないこともあるでしょう。「今、ちょっとよろしいでしょうか？」など言葉をかけて確認して、むずかしいようでしたら「また、後ほどお願いいたします」と伝えるとよいでしょう。

# 実習中における
# トラブルシューティング

## トラブルこそが成長のチャンス

実習中は、実習生にとってさまざまなトラブルが起こりますが、この**トラブルこそが、近い将来保育者になる実習生が成長するチャンス**です。経験したトラブルをトラブルでおわらせず、冷静にとらえ、保育の視点から振り返ることで、保育への学びにつなげていきましょう。

## 実習中のトラブルから学ぼう

では、実際にあった実習生のトラブルの事例から、どのように学びにつなげていくとよいか見ていきましょう。

一つ一つが成長のチャンス

悩み
責任
不安
トラブル!?
葛藤

さまざまなトラブルや困難を乗り越えることが、成長のチャンス!!

**トラブルを味方に 有意義な実習に**

---

**事例1** 　　思っていた実習ではないので、実習を中止した！

　N子さんは、実習開始から数日後、実際に実習してみると思っていた実習ではないと悩むようになりました。たとえば、主な活動がおわった子どもは自由に遊べるけど、おわらない子どもは自由に遊ぶことができなかったり、保育者が子どもに厳しい口調で話していたりなど、思っていた実習と違うと感じたようです。こういう実習ならば、学びも少ないし、保育者になりたくないとも考え、悩んだ末、実習担当の保育者に「途中だけど実習をやめます」と電話をし実習を中止してしまいました。

---

　この実習生が一番欠けているのは、**養成校の一学生として実習をさせていただいているという自覚**です。実習生はその養成校の実習生の代表者です。勝手に実習を中止するということは、実習生だけの問題でなく、養成校と実習園との信頼関係が崩れるような大きな問題です。自分だけでは解決がむずかしくなっている場合は、かならず、養成校の実習担当の教員によく相談をして、慎重に行動することを心がけることが必要です。

　N子さんのように、実習中に経験している保育を「なぜ？」と思ったり、実習生なりに感じることは、保育者になる第一歩をしっかりと踏み出しているといえます。実習中に抱いた疑問については、反省会などで保育者に質問をしてみましょう。実習生には気づかない保育の重要な配慮がなされていることがよくあります。それでも、実習生から見て「こ

ういう保育は賛成できない」と感じることもある場合は、実習後の課題として持ち帰り、何に対して賛成できなかったのか、どうすることが望ましいと考えるのかなど、自分の思いや考えを整理し、今後の学びにつなげるようにしましょう。実習で経験してよかったことも悪かったことも、**客観的に整理し、保育の視点から学びにつなげていきましょう。**

**事例2** 🗨️ **子どもが私のいるそばで、けがをしてしまった！**

D子さんは子どもと庭の隅で遊んでいると、同じクラスのSくんが、急に三輪車をこいで走ってきて、D子さんの背後で転び、泣いてしまいました。少し離れていた保育者がかけ寄り、Sくんの様子を見ながら「D子先生、Sくんはどうやって転んだかわかる？」と聞かれたので、「三輪車で走っていて、振り向いたら転んで泣いていました」と答えると、「どういう姿勢で転んだか、わからないのね」と保育者に言われました。Sくんと一緒に遊んでいたわけではないのに、保育者にそのように言われ、D子さんは不快に思いました。

園という場においては、"預かった子どもを預かった状態でお返しする" ということが基本です。小さな傷ひとつでも保育者には、説明責任があり、**けがにいたってしまった経緯**（いつ、どこで、誰と、何をしているとき、どのような状態でけがをしたのか）と、**実際に行った処置方法**について保護者に説明する必要があります。状況によっては、子どもに痛い思いをさせたことを謝罪したり、家庭で様子を見ていただくなどしています。実習生に説明責任はありませんが、保育者がけがや事故について、細やかな配慮や対応をしていることをしっかり認識しておく必要があります。そのためには、子どもと遊ぶことも大切ですが、**周囲の様子にも関心をもつことも大切**です。保育者の動きなどを学ぶこともできますし、けがなどが起こった際にも、実習生なりにその経緯を説明できるとよいでしょう。

**事例3** 🗨️ **指導してくださる保育者と考えが合わない！**

H子さんは、実習担当のベテランの5歳児クラスの保育者と、実習中、考えが合わないことが多くあります。製作の試作品を見せても「子どもの発達には合っていない、むずかしい」と言われたり、泣いている子どもに「少しそのままにして、言葉をかけないでください」と言われ、もっと助言がほしかったり、泣いている子どものそばにいたくても、保育者とどう接してよいかわかりません。

実習生が実習担当の保育者と考えが合わないと感じたとき、実習を続けることが不安になるかもしれませんが、実習生は日々保育を実践をしている**保育者の保育の考え方を否定するような立場ではありません。**"保育者はどうしてそのように考えているのか？" という視点でとらえることで、多くの学びを得ることができるのです。また、保育者から懇切ていねいに指導することは多くありませんが、それは**実習生の積極的な行動による学びを待っている**からです。事例の場合であれば、「年齢的にむずかしい部分を教えていただけますか？」など聞いてみてもよいでしょう。また、泣いている子どもの対応についても、まずは保育者の指示に従い、反省会などで「どうしてそのような対応をしたのですか？」と質問をしてみましょう。考えが合わないときも、学ばせていただいているという立場を忘れずに、質問をするなど、実習生として積極的な学びの姿勢を心がけましょう。

Part 2 実習 中

# 12 実習の最後に

## 実習の最終日は

　実習の最終日は、最後までやりとげた達成感と充実感で満たされることでしょう。失敗や反省もあった思いますが、まずは最後までがんばった自分をほめてあげましょう。

　そして、自分を実習生として受け入れ、忙しい保育の中、ご指導してくださった保育者の方々を思い出してください。親身になって相談にのってくれたり、励ましてくれたり、厳しく叱ってくれた先生に感謝しましょう。そして、不安だった自分を笑顔で受け入れてくれた子どもたちからは多くのことを学ばせてもらったはずです。また、保育者として未熟な実習生を温かく見守ってくださった保護者の方、実習中、直接的なかかわりが少なくてもお世話になった職員の方もいたと思います。

　このように、実習は多くの方の支えにより成り立っています。実習最終日にはこのことをもう一度心に留め、**お世話になった方々への感謝の気持ちを心から表したい**ものです。

## 保育者へお礼のあいさつをしよう

　実習最終日には、退勤させていただく前に直接指導してくださった実習担当の保育者はもとより、実習受け入れの責任者である園長先生を始め、副園長先生や主任の先生等に、「〇日間、ご指導ありがとうございました」と感謝の気持ちを言葉にして伝えましょう。気持ちが相手に届くように、一人一人の保育者や職員の方の**目をしっかり見て、頭を下げてていねいにお礼を述べましょう**。保育者から、「また遊びにいらっしゃい」などと言葉をいただいた場合は、保育者の配慮に感謝の気持ちを伝えましょう。実習後も、実習園とかかわりをもたせていただくことは、保育を学んでいく上でもとても大切です。

## 子どもたちへお別れのあいさつをしよう

　実習最終日には、子どもたちにお別れのあいさつをする場をいただけることがありますが、事前にそのような場があることを伝えられず、急に言われることもありますので、**子どもたちへの感謝の気持ちなど、伝えたいことをしっかり準備**しておきましょう。

子どもたちへのお別れの言葉は、**具体的でわかりやすい言葉を選ぶことが大切**です。たとえば、「鬼ごっこや砂遊びがとても楽しかったです。たくさん遊んでくれてありがとう」など、実習中の子どもたちとの出来事などを盛り込んで感謝の気持ちを伝えましょう。また、実習がおわりだということも子どもが理解できるような言葉で伝えるとよいでしょう。

　子どもたちへのお別れのあいさつでは、涙が出そうになるかもしれませんが、保育者や大人が泣くと不安に思う子どももいますので、子どもたちの前では泣かないようにしましょう。明るく感謝の気持ちを述べてお別れすることが大切です。

## 子どもたちへのお別れのプレゼントは？

　実習中、子どもが描いた絵やつくった折り紙、お手紙などをもらった実習生も多いことでしょう。そんな子どもたちへのお別れのプレゼントをしたいと考える人もいるでしょう。

　そのような場合は、実習園の保育者にかならず許可を得てからプレゼントを渡すようにしましょう。実習園によっては、実習生からのプレゼントは受け取らないようにしている園もありますし、プレゼントを渡すなら、1 クラスだけではなく、全園児の分を用意してほしいと言われることもあります。事前にこのような点について確認してからプレゼントを用意するようにしましょう。保育者の了解得て、**子どもたちにプレゼントを用意する場合は、高価なものではなく、手づくりのものなど、子どもたちが喜ぶ心のこもったものを考えましょう。**しかし、実習中に子どもたちの手づくりプレゼントを用意することはなかなかむずかしいかもしれませんので、実習がおわってから、あらためてプレゼントを持参したり送付するなどが可能か、確認してもよいでしょう（Part 2「実習後 Q&A」p.132 参照）。

**column　　実習生と保育者は「対話」を通して互いに学んでいる**

　実習は、保育に関する資格や免許を取得するために、実習生であるみなさんが多くの学びをする大切な機会です。しかし、実は、実習生が行う実習の中で、学んでいるのは実習生だけではありません。日々実習に取り組んでいる実習生の学びを通して、実習指導をしてくださっている保育者もまた学んでいるのです。たとえば、実習生は、保育者の動きや言葉かけをまねたりしながら保育実践したり、実習日誌に保育者の動きや言葉かけに記録されたりする中で、自らの保育者のとしての動きや言葉づかいについて振り返りをしています。また、実習生との反省会などで互いに保育について対話をしていくことによって、改めて考えてみると"当たり前のようにしていたけど、子どもにとってこれってどうなのかな？" "〇〇ちゃんには違うアプローチもあったかもしれない？"と自らの保育を立ち止まって考える機会にもなるのです。だからこそ、実習生は「新たな目で保育を見て学ぶ」立場として対話を大切にしながら、保育者とともに保育を語り合うことを大切にしてほしいと思います。

## 実習中、こんなときどうする!?

 実習担当者との人間関係が心配です。苦手なタイプの保育者だったらどうしようとか、最後まで仲良くできるだろうか、など実習終了までうまく接していくことができるか不安です。

保育者はさまざまな業務をこなしながら、実習生を受け入れています。未来の保育者の卵を育てるために、指導をするという大変な苦労を引き受けてくれています。まずは、こうしたことを理解しましょう。

したがって、「実習をさせていただいている」という意識を抱きつつ、実習担当の保育者に感謝することから始めなければなりません。そして日々誠心誠意、能動的な姿勢で学ばせていただくことに専念する必要があるでしょう。

このように、うまく接するということではなく、尊敬の念を抱きながら教えていただくという師としての存在であることを意識しましょう。もしかしたら、実習生の緊張や不安を取り除こうとして親近感あふれる接し方をしてくれるかもしれません。しかし、その接し方は「担当保育者として」接しているのであって、親しい友人として接しているのではありません。同様に、注意や指摘などは未来の保育者を育成しようという思いから生じている言葉です。

実習生は、謙虚な気持ちで、日々向上できるように学ばせていただきましょう。そして疑問に思ったことを実習担当の保育者にたずねて解消し、率先してお手伝いをするよう心がけましょう。

 ピアノを弾くのが苦手です。ただでさえ緊張するのに、子どもたちの前で保育者が見ている中で弾けるか心配です。

言うまでもなく、ピアノはすぐにすらすら弾けるようになるものではありません。短時間でもよいので毎日練習をしていくことが必要でしょう。オリエンテーション時に実習園でうたわれている楽譜を見せていただき、早め練習に取りかかります。もし、実習まで時間があれば、実習担当の保育者と打ち合わせをした上で簡易伴奏など、コード引きの準備もできます。もし可能ならば、自分に合ったレベルに楽譜をやさしくすることもできるでしょう。余裕が生まれれば、子どもたちの反応を確認しながら弾くことができます。ただし、実習担当の保育者から普段の演奏を再現してほしい、と指摘を受けたならば、アレンジをせずに使用している楽譜で弾きましょう。

ピアノは子どもがうたったり、身体表現をする道具の一つであり、保育のすべてではありません。ピアノの練習を継続しつつ、何かほかに得意な楽器があれば相談して使用してみてはいかがでしょうか。たとえば、ギターが得意ならば、伴奏しながらうたってもよいのではないでしょうか。苦手と避けていくのではなく、できるところから努力をしてみてください。

子どもがけがをしたときの対応はどうしたらよいでしょうか？　対応一つ間違ったら、大事に至りそうで怖いです。

　　子どもは、さまざまなけがをします。たとえば、園庭で転んで膝を擦りむいたり、固定遊具から落下して強く顔面を打った打撲もあります。どちらも共通している対応は、落ち着いて対処する、ということです。早急に対応しようと思うがあまり、その場所で何が起こったのか的確な現状把握をおろそかにしてしまうことがあります。たとえば、転んで擦り傷をつくってしまった場合、泣いている子どもを抱っこして不安を取り除き、様子を見ながらそのときの状況をゆっくりと穏やかに聞くなどして、処置ができる職員室や保健室に連れて行きます。そしてそこにいる保育者に状況を説明して、指示を受けましょう。

　子どもはけがをするものです。しかし、小さな傷であっても逐一保育者に伝えましょう。理由として、いくつかあります。まず子どものけがを保育者が把握する必要があるからです。降園時、保護者に引き渡す際にちょっとした擦り傷でも伝える必要があり、それが信頼関係につながっていきます。また、アレルギーなどから「使用できない薬品」があったりします。同様に体を強く打った場合は、泣いていないからといって安易な判断をせず、報告をしましょう。とくに頭部を打った打撲などは、外から見ても変化がないように見受けられます。しかし、内出血が生じていることがあるので要注意です。そのときの状況を正確に（自分が見たことと子どもから伝えてもらったことをわけて）説明することを忘れないようにしましょう。決して自分の思い込みで対処せず、保育者の居場所を確かめて、けがの報告を怠らないように心がけてください。

 実習中、やむをえず遅刻をしてしまいました。どのように対処したらよいでしょうか？

　　実習中は時間厳守です。遅刻・早退・欠勤は、許されることではありません。しかし、どうしてもやむを得ない場合は、次のような手続きを取りましょう。

①速やかに実習園に電話をする

　実習園に連絡を入れ、事情を説明した上で許可を得ます。そのため、実習園の電話番号を携帯しておく必要があります。または事前にやむを得ず欠席などする場合、所定の書面などがある場合は記入して渡しておきましょう。

②養成校の実習担当の教員に連絡をする

　実習園に連絡後、養成校の実習担当の教員にも連絡をします。事情を説明し、許可を得たことを伝えましょう。最近、実習園と実習生のやりとりだけで完結すると思い込んでいる実習生が多く見られます。実習は、養成校と実習園との関係の上になりたっていることを自覚しておきましょう。

③事後は、お詫びをする

　事後の出勤時には、しっかり園長、実習担当の保育者を始め、できる限りご迷惑をかけた園の保育者の方にお詫びをします。これは社会人として当然のマナーとなります。そして不足した時間（日数）分の実習の延長を申し出ます。その際に決定した内容をかならず養成校へ連絡しましょう。

　なお、不測の事態についての詳細は、各養成校によって手続きがあります。事前に確認しておきましょう。

実習の最終日に感謝の気持ちを込めて、クラスの子どもたちに何か手づくりの
プレゼントを渡したいのですが、注意することはありますか？

　　　期待や不安を胸に実習が始まり、ようやく子どもたちと打ち解けてきたと思った矢先に
　　　実習がおわってしまうという実習生は多いと思います。実習生は、子どもたちの笑顔に囲
まれていくうちに愛着がわいていきます。最終日になると、たくさん遊んでくれた実習生との別れに
泣く子どももおり、子どもたちからも感謝の気持ちがこもったプレゼントを受け取ることもあります。
当然、感謝の気持ちを込めてプレゼントを渡す行為は悪いことではありませんが、配慮が足りず、一
方的にプレゼントを渡してしまうと一転してトラブルに発展するケースがあるので、十分気を配りた
いものです。また、養成校でも実習最終日にプレゼントを渡すことを「実習生がやらなければならな
いこと」と位置づけて指導しているところもあります。せっかく用意したプレゼントに配慮不足から
生じるトラブルなどないよう確認していきましょう。

① 事前に実習担当の保育者に相談をせず、突然プレゼントを渡してしまう。

　　→実習指導の中に「子どもに関することは、ほう・れん・そう（報告・連絡・相談）を怠らないこ
　　　と」となっています。プレゼントを「義務」と認識している実習生にこの間違いが多いです。ま
　　　た園の方針でプレゼントは渡さないでほしい、という園もありますので、相談や確認が必要です。

② クラスの人数を間違え、受け取れない子どもがいた。

　　→かならず子どもたちの人数を確認しておきましょう。とくに観察実習などの期間が短い場合に
　　　は、実習中欠席をしていた子どもがいたりします。欠席者が抜け落ちてしまう危険性がないよ
　　　うにしましょう。渡す際に不備（壊れてしまっていたり、はがれてしまっていたりする）が見
　　　つかって回収したり、数が足りなかったりしないようにしましょう。

③ 同じ養成校から実習にきているのに、一人は渡し、一人は渡さなかった。

　　→同じ養成校から2人の実習生がきている場合、「一人は渡し、もう一人は渡さなかった」という
　　　差が生じないようにしましょう。かならず事前に話し合い、それぞれの実習担当の保育者に相
　　　談するべきでしょう。プレゼントの内容も差がないようにしましょう。オリエンテーション時
　　　に確認をしておき、見通しをもっておく必要があります。そして、プレゼントを制作すること
　　　が負担にならないように心がけましょう（Part 2「12　実習の最後に」p.129 参照）。

 保育者が周囲におらず、保護者から話しかけられました。実習生だと思ってい
ない様子です。どのような対応をするべきでしょうか？

　　　まずは、笑顔であいさつをして、自分は実習生であること、近くに実習担当や担任の保
　　　育者がいないことを伝えましょう。もし、担当の保育者の所在がわかっているのであれば
「今、○○先生をお呼びしますので、お待ちください」と伝え、呼んできましょう。「私は、実習生な
のでわかりません」とだけ伝えて、そのままにしておくことだけは避けましょう。社会人として常識
的な対応を心がけててていねいに接することが大切です。もし、忘れ物を取りに来たなど他の職員でも
対応できる場合には、職員室へ行き、職員の指示をあおぎます。

　いずれにせよ、決して自分で判断しないことです。とくに子どもに関することは注意が必要です。実
際にあったケースで、けんかでけがをした子どもの保護者がけんかの詳細をうかがいたいと実習生に
話しかけました。一部始終を見ていた実習生は「初めに手を出したのは、○○くんでした」と伝えたこ
とでトラブルに発展したことがありました。仮に事実を把握していても「私にはわかりかねるので、た
だいま、○○先生を呼んできます」と伝え、対応をお願いしましょう。けんかを保護者に伝えることは
担任の保育者でも言い方一つで行き違いになることがありますので、慎重に行動してください。

Part3

幼稚園・保育所・認定こども園

実習  に確認しておこう

# 実習園へのお礼

## 実習園へお礼状を書こう

### 実習がおわったら

　実習期間が終了したら、実習に関することがすべて終了というわけではありません。実習がおわった後は、実習日誌を提出し、忙しい中実習を受けてくださった実習園の保育者の方にお礼の手紙を書きましょう。実習中は実習園の保育者の方に多くのご指導をいただき、保育者の方を始め職員の方々にもいろいろな形でお世話になったと思います。感謝の気持ちを伝えることはとても大切なことです。

　園長を始め実習担当の保育者、実習期間中にお世話になったクラスの保育者に宛てて、実習中にどのようなことを学んだのか、実習中のエピソードを交えながら書いてみましょう。

### お礼状の書き方

　お礼状は実習終了後1～2週間以内に書き、郵送しましょう。お礼状を書く際には、ハガキではなく封書で送ります。封書はキャラクターや絵が入っているようなものではなく、白無地の縦書きの便箋と封筒を使用するのが一般的です。複数で同じ実習園で実習を行った場合においても、各自がお礼状を書いて送付しましょう。

　お礼状の内容は、実習でお世話になったことへのお礼と実習での学び、今後の指導のお願いなどを書きます。文章は敬語で誤字・脱字のないように気をつけて書きましょう。その際には辞書を用いて、漢字を間違えて書くことがないようにしましょう。

---

**お礼状の始めの文は季節（時候）のあいさつを入れましょう**

　お礼状を送る季節によって、冒頭の文章は変わります。お礼状を書く季節に合った文章にしましょう。

**ていねいな字で書きましょう**

　お礼状は実習園の保育者の方が読まれます。実習日誌と同様にていねいな字で書くことを心がけましょう。誤字・脱字にも気をつけましょう。

**感謝の気持ちが伝わる内容にしましょう**

　実習をして辛かった、大変だった気持ちではなく、感謝の気持ちやお礼が伝わるような手紙にしましょう。

**お礼状の
書き方の
ポイント**

# お礼状の書き方のポイント

## 例　文

Part 3 実習 後

**ココが POINT ☞**
学びになった事柄などを具体的に書くとよいでしょう。ただし、「辛かった」などの感想は入れないように！

**ココが POINT ☞**
時候のあいさつを書きましょう。月や季節ごとに変わるので間違えないように気をつけましょう。

拝啓

一雨ごとに秋の深まりを感じるころとなりました。

先生方にはお変わりなくお過ごしのことと存じます。

この度の実習では、大変お世話になり、心から感謝申し上げます。初めての実習であっという間の十二日間でした。実習中にはいろいろとご指導をいただき、ありがとうございました。

初めての実習で、とても緊張していたのですが、子どもたちが笑顔で話しかけてくれて、手を引いて遊びに誘ってくれたので、とてもうれしくなりました。また先生方にもたくさん励ましていただき、最後までおえることができました。

この十二日間の実習を経験することによって、私の中で保育士になりたいという想いがますます強くなりました。今回の学びを基に、今後もがんばっていきたいと思います。

今後ともご指導をお願いいたします。

取り急ぎ御礼申し上げます。

敬具

△△年△月△日

〇〇大学
〇〇〇〇

〇〇保育園
〇〇
〇〇園長先生

**ココが POINT ☞**
1枚でおわることのないよう、2〜3枚くらいにまとめましょう。

**ココが POINT ☞**
最後は、日付、名前、相手の名前の順に書きましょう。

**ココが POINT ☞**
今後については、前向きな内容がよいでしょう。

## 封筒の書き方

【裏】

〒□□□-□□□□

東京都〇〇区〇〇二丁目二番地の二
〇〇〇〇
（〇〇大学〇〇学部〇〇学科）

【表】

〒□□□-□□□□

東京都〇〇区〇〇一丁目一番地の一
社会福祉法人〇〇会
〇〇保育園
園長　〇〇〇〇　様

**ココが POINT ☞**
差出人住所は、実習生個人の住所を書きましょう。左の隅に縦書きで住所、氏名を書きます。その際、自分の通う養成校名所属する学科名も書いておきましょう。

**ココが POINT ☞**
宛名は縦書きで、住所は都道府県から書きましょう。また、園名は法人名から正式名称を書くようにしましょう。まっすぐ曲がらないようにていねいな字で書いてください。

# 養成校での
# 実習の振り返り

## 実習を振り返ってみよう

### 実習の学びの確認と振り返り

　実習園からの評価票の提示の仕方は、各養成校によって異なりますが、実習園からの評価が自己評価と大きく異なることもあるかと思います。これは、自分の評価と客観的な評価との差（ズレ）です。**"自分が必要だと思う保育"** と **"実習で求められている保育"** に食い違いが生じている場合にこのことがよく起きます。したがって、養成校の実習担当の教員と十分に検討して、実習における次の課題を明確にする必要があるでしょう。

　また、実際の保育現場に入ることで、保護者がおかれている現実や気になる子どもの存在、保育者の労働実態など、現実的なものとして認識できる体験ができたはずです。これからは、さまざまな保育ニーズが増え、従来の保育知識・技術だけでは対応しきれなくなるかもしれません。**一人の人間として幅広い教養を身につけ、見識深い保育者像が求められます**。保育を多面的にとらえる必要性を感じるようになっていれば大きな収穫といえます。

### 実習日誌による振り返り

　一生懸命に書いた実習日誌は、実習がおわったら読み返してみましょう。自分では気がつかなかったあらたな発見があるはずです。たとえば、日を追うごとに実習担当の保育者からの赤ペンの量が減っていったなど、学びの過程を見ることができます。自分の保育や子どもの見方の変化が記録されているため、**実習日誌は、実習全体を振り返る確かなツール**になります。自分の特徴や得意なこと、不得意なことを自覚し、意識的に克服するきっかけになるようにしたいものです。

## 実習の反省と自己評価を行ってみよう

　実習の評価は、保育者としての資質や力量を高めるためのもので、主に①実習園が行う評価、②実習生自身が行う評価、③養成校の実習担当教員が行う評価の3点があります。

　実習生自身が実習を振り返って行う評価を「自己評価」と呼び、**自分自身を見つめ直し、課題と認識して初めて自己評価**になります（次頁「実習評価のフローチャート」参照）。

　では実際に実習についての「意見交換」「チェックシート」「子どもの理解やかかわり」「実習日誌」から課題を抽出し、自己評価を行ってみましょう。

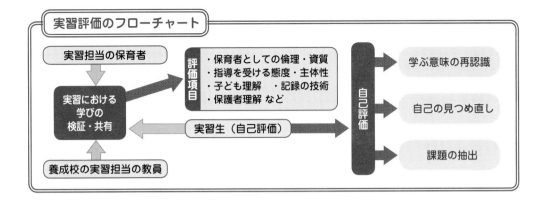

実習評価のフローチャート

実習担当の保育者 → 実習における学びの検証・共有 ← 養成校の実習担当の教員

評価項目
・保育者としての倫理・資質
・指導を受ける態度・主体性
・子ども理解　・記録の技術
・保護者理解　など

実習生（自己評価）

自己評価
→ 学ぶ意味の再認識
→ 自己の見つめ直し
→ 課題の抽出

## Let's try 1　意見交換から実習を振り返ろう

**クラスメイトと実習について意見交換し、実習を振り返ってみましょう。**

STEP ①　自分の実習体験をクラスメイトに伝えてみよう。
STEP ②　それぞれの実習園について話し合ってみよう。
STEP ③　クラスメイトとお互いの実習体験について意見交換してみよう。

### Let's try 1　解説

自分の実習やクラスメイトの実習について意見交換することで、客観的に実習の学びが整理され、次への課題が明確に！

**POINT ①☞　異なった視点から自分の考えを深め、次につなげる課題を抽出する**

　実習生同士が「語り合う」過程では、自分の考えや受け取り方を相手にわかりやすく伝えるために、自分の考えや身につけたものを整理して位置づけ直すという作業が必要になります。実習生同士の意見交換を通して、異なった視点から自分の考えを深めましょう。実習での学びを生かすためにも、このような協同的な振り返りを通して、自分なりの課題を抽出し、意識しながら次のステップにつなげていきましょう。

**POINT ②☞　多様性のある園文化を理解する**

　各園には、それぞれ園文化があります。意見交換を通して園文化の多様性を知ることが大切です。それぞれの園文化の感想や疑問点などを話し合うことで、各園がもつ園文化を確認することができ、学びを高めることができるでしょう。

**POINT ③☞　意見交換で話し合う内容**

　意見交換をただの愚痴の言い合いにおわらせてしまってはいけません。園や子どもの個人情報の守秘義務に配慮しながら、「**実習を通しての感想**」「**保育者から学んだこと（援助方法や子どもとのかかわり）**」「**子どもから学んだこと（人間関係、子どもの姿）**」「**責任（部分・一日）実習から学んだこと**」「**実習担当の保育者からの助言**」「**実習をおえて感じたこと**」の視点を中心に話し合うとよいでしょう。

## Let's try 2

**自己評価チェックシートから実習を振り返ろう**

**自己評価チェックシートで実習での課題を意識しまとめてみましょう。**

STEP① 自己評価チェックシートを記入する。

STEP② 「0」評価のチェック項目を自己課題改善ワークシートに記入し、欄を埋めていく。
「できなかった」と評価した中でも「できたこと」を見つけ出し評価する。

### 自己評価チェックシート

0：できなかった　1：ややできた　2：できた

| カテゴリー | チェック項目 | 評価 |
|---|---|---|
| A　内在している資質 | ① 社会人としての振る舞い（あいさつなど） | 0　1　2 |
| | ② 健康管理 | 0　1　2 |
| | ③ 保育者とのコミュニケーション | 0　1　2 |
| | ④ 積極的態度 | 0　1　2 |
| | ⑤ 助言の受け入れと改善 | 0　1　2 |
| B　保育者としての資質 | ① 発達年齢ごとの子ども理解 | 0　1　2 |
| | ② 遊びについての理解 | 0　1　2 |
| | ③ 環境構成についての理解 | 0　1　2 |
| | ④ 実習園についての理解 | 0　1　2 |
| | ⑤ 保護者支援についての理解 | 0　1　2 |
| C　実践的なスキル | ① 応答性のある子どもとのかかわり | 0　1　2 |
| | ② 子どもの発達に適したかかわり | 0　1　2 |
| | ③ 実習日誌の記述 | 0　1　2 |
| | ④ 指導案の立案 | 0　1　2 |
| | ⑤ 興味・関心に沿った遊び（活動）の提供 | 0　1　2 |

### 自己課題改善ワークシート

| 項目 | 具体的に書き出してみよう | 改善策や次の課題を書き出してみよう |
|---|---|---|
| | できなかったこと | 改善するためには |
| | できなかった中でもできたこと | さらによくするためには |
| | できなかったこと | 改善するためには |
| | できなかった中でもできたこと | さらによくするためには |

## Let's try 2

### 解説

「できなかった」評価をさまざまな角度から見つめ直し、次へつながる課題を見つけましょう。

　客観的に記入することで、自己評価が低かったチェック項目を明確にすることができます。自己評価が低い項目でも何か「できたこと」もあるはずです。また「できなかったこと」はなぜできなかったのか、改善・克服するためにも、書き込むことで原因を考え整理し、次への課題を見つけ出し学びを深めていきましょう。

## Let's try 3 　子どもへの気づきについて実習を振り返ろう
**実習中にうまくかかわることのできなかった子どもを振り返ってみましょう。**

STEP ①　実習中にうまくかかわることのできなかった子どもについてまとめてみよう。

STEP ②　書き出した事例と対応をクラスメイトと話し合ってみよう。

### 子どもへの気づきワークシート

| 対象児【 　　　　　　　　　　　　　】　【 　　　　　　　　　　歳児 　】 |
|---|
| 事例（どのような子どもで、どのようなことがあったかなど） |
| なぜかかわりづらいと感じたのか、対象児へのかかわりで行った工夫 |
| 担任の保育者の対象児へのかかわりで感じたこと |

**Let's try 3 解説**

子どもの理解やかかわり方を具体的にまとめ直したり、クラスメイトの意見を聞くことで見えてくることも多いはずです。

　実習中にさまざまな子どもとかかわりますが、中にはかかわりづらい子どももいたことでしょう。子どもを理解するためには、一つの側面（一人の実習生）だけではなく、多面的な視点が必要となります。自分の思いを他者に伝えたり、他者の客観的な意見を知ることで、子どもの理解が深まります。これは実習生に限らず、保育者としても必要なことです。

## Let's try 4 　実習日誌から実習を振り返ろう
**返却された実習日誌からも自己の課題を振り返ってみましょう。実習日誌の記述に偏りがないか確かめてみましょう。**

**Let's try 4 解説**

実習日誌は、学びの軌跡！　自分が実習を通して身につけていったものが視覚的に残っている貴重な資料からも振り返ってみましょう。

　実習日誌は視覚的な実習の貴重な学びの軌跡です。次のような視点から実習日誌を振り返り、次への課題へとつなげていくとよいでしょう。

- ・「環境構成」の図が少ない
- ・実習後半になるにつれて文字が雑になる
- ・自分自身の実践や感想が多過ぎる
- ・同じ間違いを何度も指摘されている

Part 3　実習　後

**実習後 Q&A**

# 実習後、こんなときどうする!?

 **実習をおえて、今後の実習園の行事に参加したいのですがどうしたらよいでしょうか？**

 この質問には、2つの状況があると思います。実習園側からのお誘いがある場合と、ない場合です。

まず実習園からお誘いいただいた場合は、できる限り参加させていただきましょう。園で催される行事は、とにかく人手がほしいものです。ましてや、子どもたちのことを理解している実習生ならば、即戦力となり、頼もしい存在になるに違いありません。何かお手伝いできるようなことがあれば積極的に参加するとよいでしょう。

では、お誘いがない場合はどうでしょうか。事前に行事に参加したい意思を伝え、参加の可否をうかがいましょう。これはさまざまな事情で参加ができない場合があるためです。当然、こちら側の気持ちだけを優先して、実習園側の都合を考慮しないのでは社会人として不的確といえます。

最後に、どのような形でお手伝いするにしても決してお客さんにならず、"勉強させていただく"という姿勢を忘れないようにしましょう。行事では、普段見られない子どもたちの表情や態度を見ることができる数少ない機会です。実習中に見ることができなかった姿を見せてくれることでしょう。そして、行事の意味や必要性などを実感することと思います。

 **実習後に偶然子どもたちに出会って、「先生、今度いつくるの？」と聞かれたら、どう答えたらよいでしょうか？**

 子どもたちに「先生、今度いつくるの？」と聞かれたら、とてもうれしく感じることでしょう。つい、「また、絶対行くね」などと答えたくなってしまうのではないでしょうか。

しかし、子どもは実習生との約束を覚えているものです。答えにくい、もしくは答えづらい質問に都合のよい返答をしてしまうと、結果として子どもたちとの約束を破ることになってしまいます。

上記のQ&Aのように、実習後すでに行事に参加することが決まっていたり、園に行く予定がある場合は別ですが、子どもたちにもう会うことができないことをしっかりと伝えることが大切です。

子どもの年齢にもよりますが、子どもたちにわかりやすい言葉で、「幼稚園（保育所・認定こども園）の"先生"になるため、学校でお勉強をしなければならないから、さみしいけど、もうみんなと遊ぶことができないの」など、きちんと伝えるようにしましょう。不確定で場当たり的に約束をすることは、逆に子どもを傷つけてしまうので気をつけましょう。

## 本書参考文献一覧

（著者五十音順）

● 阿部和子『子どもの心の育ち —— ０歳から３歳　自己がかたちづくられるまで』萌文書林、2002 年

● 阿部和子・増田まゆみ・小櫃智子編『最新保育講座13 ［第２版］保育実習』ミネルヴァ書房、2014 年

● 石橋裕子・林幸範編『新訂　知りたいときにすぐわかる　幼稚園・保育所・児童福祉施設 実習ガイド』同文書院、2013 年

● 石橋裕子・林幸範編『最新　保育園・幼稚園の実習完全マニュアル』成美堂出版、2010 年

● 今井和子・天野珠路・大方美香『独自性を活かした　保育課程に基づく指導計画　その実践・評価』ミネルヴァ書房、2010 年

● 太田光洋『幼稚園・保育所・施設実習完全ガイド —— 準備から記録・計画・実践まで＜第３版＞』ミネルヴァ書房、2018 年

● 大豆生田啓友・高杉展・若月芳浩編『最新保育講座12　幼稚園実習 保育所・施設実習』ミネルヴァ書房、2012 年

● 小田豊監修／岡上直子・鈴木みゆき・酒井幸子編『教育・保育実習と実習指導　保育士養成課程』光生館、2012 年

● 小櫃智子編『改訂版　実習日誌・実習指導案パーフェクトガイド』わかば社、2023 年

● 鯨岡峻・鯨岡和子『保育のためのエピソード記述入門』ミネルヴァ書房、2007 年

● 神戸親和女子大学発達教育学部児童教育学科編『ここが知りたい！　実習に関する100の質問 —— 保育所・幼稚園・小学校・施設実習読本』あいり出版、2005 年

● 柴崎正行編『幼稚園わかりやすい指導計画作成のすべて』フレーベル館、2010 年

● 相馬和子・中田カヨ子編『幼稚園・保育所実習　実習日誌の書き方（第２版）』萌文書林、2018 年

● 高橋かほる編『幼稚園・保育園　実習まるわかりガイド』ナツメ社、2009 年

● 田中まさ子『幼稚園教諭・保育士養成課程　三訂　幼稚園・保育所実習ハンドブック』みらい、2011 年

● 民秋言編『保育所　発達過程に着目した　指導計画作成のすべて』フレーベル館、2010 年

● 民秋言・安藤和彦・米谷光弘・中西利恵編『新 保育ライブラリ　保育の現場を知る　保育所実習［新版］』北大路書房、2020 年

● 長島和代編『改訂２版　これだけは知っておきたい　わかる・書ける・使える　保育の基本用語』わかば社、2021 年

● 日本精神神経学会「DSM-5 病名・用語翻訳ガイドライン（初版）」2014 年

● 日本精神神経学会日本語版用語監修、高橋三郎・大野裕監訳『DSM-5-TR 精神疾患の診断・統計マニュアル』医学書院、2023 年

● 久富陽子編『実習に行くまえに知っておきたい　保育実技 —— 児童文化財の魅力とその活用・展開』萌文書林、2005 年

● 久富陽子編『幼稚園・保育所実習 指導計画の考え方・立て方（第２版)』萌文書林、2017 年

● 百瀬ゆかり『よくわかる保育所実習　第４版』創成社、2011 年

● 守巧・小櫃智子他『改訂版　施設実習パーフェクトガイド』わかば社、2023 年

## 著者紹介

（※執筆順。執筆担当は、もくじ内に記載）

**代表** **小櫃 智子**（おびつ ともこ）　東京家政大学 子ども支援学部 子ども支援学科 教授

東京家政大学大学院博士課程満期退学後、彰栄幼稚園にて勤務。その後、彰栄保育福祉専門学校保育専任講師、目白大学人間学部子ども学科准教授、東京家政大学子ども学部子ども支援学科准教授を経て、現職。保育内容（人間関係）、保育実習などを担当。
　主な著書：『実習日誌の書き方』（萌文書林）、『保育実習』（ミネルヴァ書房）、『施設実習 パーフェクトガイド』（わかば社）、『実習日誌・実習指導案 パーフェクトガイド』（わかば社）、『改訂版 保育教職実践演習 これまでの学びと保育者への歩み 幼稚園保育所編』（わかば社）他。

**守 巧**（もり たくみ）　こども教育宝仙大学 こども教育学部 幼児教育学科 教授

聖学院大学大学院人間福祉学研究科修士課程修了後、幼稚園教諭として保育現場で10年間勤務。その後、東京福祉大学短期大学部助教、東京家政大学子ども学部子ども支援学科講師、こども教育宝仙大学こども教育学部幼児教育学科准教授を経て、現職。障害児保育、家庭支援論などを担当。
　主な著書：『子ども家庭支援論 ―保育の専門性を子育て家庭の支援に生かす』（萌文書林）、『保育内容 環境 ―あなたならどうしますか？』（萌文書林）、『施設実習 パーフェクトガイド』（わかば社）、『気になる子とともに育つクラス運営・保育のポイント』（中央法規出版）他。

**佐藤 恵**（さとう めぐみ）　日本体育大学 児童スポーツ教育学部 児童スポーツ教育学科 准教授

法政大学大学院人間社会研究科博士後期課程満期退学後、目白大学人間学部子ども学科講師、清和大学短期大学部 こども学科講師を経て、現職。子ども家庭福祉、社会的養護、保育実習などを担当。
　主な著書：『施設実習 パーフェクトガイド』（わかば社）、『保育園・認定こども園のための保育実習指導ガイドブック』（中央法規出版）、『ワークシートで学ぶ 施設実習』（同文書院）、『子どもの支援の基礎から学ぶ 社会的養護Ⅰ』（大学図書出版）他。

**小山 朝子**（こやま あさこ）　和洋女子大学 人文学部 こども発達学科 准教授

東京家政大学大学院修士課程修了後、保育士として勤務。東京家政大学大学院博士後期課程満期退学。帝京平成大学現代ライフ学部児童学科専任講師を経て、現職。乳児保育、保育実習などを担当。
　主な著書：『改訂 乳児保育の基本』（萌文書林）、『保育における援助の方法』（萌文書林）、『保育における子ども文化』（わかば社）、『実習日誌・実習指導案 パーフェクトガイド』（わかば社）、『保育の計画と評価 演習ブック』（ミネルヴァ書房）、『講義で学ぶ 乳児保育』（わかば社）他。

● 装丁・本文イラスト　鳥取 秀子
● 装丁　タナカアン

## 改訂版 幼稚園・保育所・認定こども園実習 パーフェクトガイド

2017年12月18日　初版発行
2023年11月26日　改訂版発行

著者代表　小櫃 智子
発行者　川口 直子
発行所　（株）わかば社
〒173-0004　東京都板橋区板橋 2-46-12
tel(03)6905-6880 fax(03)6905-6812
(URL)https://wakabasya.com
(e-mail)info@wakabasya.com
印刷／製本　シナノ印刷（株）

©Tomoko Obitsu 2023 Printed in Japan
JASRAC（出）2307506-301

ISBN 978-4-907270-41-4 C3037